元代副词研究

张晓传 ◎ 著

中国社会科学出版社

图书在版编目（CIP）数据

元代副词研究 / 张晓传著 . —北京：中国社会科学出版社，2017.4

ISBN 978-7-5203-0194-7

Ⅰ.①元… Ⅱ.①张… Ⅲ.①古汉语-副词-研究-元代 Ⅳ.①H141

中国版本图书馆 CIP 数据核字（2017）第 078435 号

出 版 人	赵剑英
责任编辑	任　明
责任校对	李　莉
责任印制	李寡寡

出　　版	中国社会科学出版社
社　　址	北京鼓楼西大街甲 158 号
邮　　编	100720
网　　址	http：//www.csspw.cn
发 行 部	010-84083685
门 市 部	010-84029450
经　　销	新华书店及其他书店
印刷装订	北京市兴怀印刷厂
版　　次	2017 年 4 月第 1 版
印　　次	2017 年 4 月第 1 次印刷
开　　本	710×1000　1/16
印　　张	16
插　　页	2
字　　数	234 千字
定　　价	75.00 元

凡购买中国社会科学出版社图书，如有质量问题请与本社营销中心联系调换
电话：010-84083683
版权所有　侵权必究

序

汉语的副词颇具特色，在西方语言中某些靠语法范畴表达的意义，在汉语中往往要靠副词来表达。与那些意义较实的词如名词、动词等相比，副词数量较少，可以遍举；而与意义更虚的词如介词、连词等相比，副词的数量又较多，逐个分析某个时代汉语的副词，概括其系统，不是一件容易的事。如果再结合历时因素，要弄清副词体系的历史演变，就更不容易做到了。

张晓传老师从攻读硕士学位时起，就对汉语副词的研究有兴趣。元代是近代汉语的核心时期，元代的副词有的是从古代沿用下来的，其间意义有变化，也有的是新产生的，元代副词中有不少对现代汉语副词的形成有着直接的影响，这些都说明元代副词有许多值得研究的地方。因此，晓传老师就把关注点放在元代，其硕士论文《〈元刊杂剧三十种〉语气副词研究》，就在元代副词研究方面取得了一定的成就。攻读博士学位期间，她又在原有基础上，对元代副词进行了更全面的综合梳理研究。现在的这部书稿，就是在她博士论文的基础上修改完成的。

本书对元代的副词体系做了尽可能全面的分类和描写，概括其总体面貌；并在此基础上运用统计方法，筛选出元代常用副词，对这些词在汉语史中的变化进行分析，探究其变化的原因与规律。此外，本书还对元代的多义副词和兼类副词做了统计分析，并对副词出现义项增减或兼类的原因及路径进行了探究。

本书所涉及的许多研究工作是前人没有做过的，作者通过这些工作，总结出元代副词的特点，这使得本书具有较高的参考价值。作者对元代副词进行了穷尽式搜索整理，与以专书为语料的研究相比，这种穷尽式搜索当然有利于更加全面地了解元代副词的总体面貌及演变规律。本书在确定元代常用副词时，对元代副词在各个时代的使用比率进行了统计，并对元代副词在各个时代的使用比率及变化原因进行探究，以使研究结论更加准确。可见，本书除了在元代副词研究方面的结论性成果可供读者参考之外，在研究思路和研究方法上也可以给读者一些有益的启示。

晓传老师能取得这样的成就，与她在学术上的执着态度和积极进取的钻研精神是分不开的。晓传是2007年进入山东大学做研究生的，2010年获硕士学位后继续读博，2014年毕业，获博士学位。在这7年中，晓传在学业上一直专心刻苦，孜孜以求。参加工作以后，晓传根据学科发展及自身研究条件相结合的想法，把关注点转向了语言政策、语言规划研究，继续刻苦钻研，承担了部分辽宁省社科规划和辽宁省教育厅的有关研究项目，并发表了《少数民族语言规划与少数民族电影对白语言研究》《当代语言教育规划视角下的大学课程改革》等有关学术论文。以这样的精神和毅力继续努力，相信晓传老师在今后的研究中定会取得更好的成绩。

张晓传老师的《元代副词研究》即将出版，我写了上面的话，祝贺她所取得的成就，也鼓励她向更高的目标迈进。

唐子恒
2017年3月16日于山东大学

目 录

绪 论 ……………………………………………………………… (1)
第一章 元代副词概貌 ………………………………………… (8)
　第一节 副词概述 …………………………………………… (8)
　　一 副词的界定 …………………………………………… (8)
　　二 副词的归属 …………………………………………… (9)
　　三 副词与其他词类的区分 ……………………………… (9)
　第二节 元代副词概貌 ……………………………………… (10)
　　一 来源丰富，层次性强 ………………………………… (11)
　　二 稳定性与变化性并存 ………………………………… (11)
　　三 发展不平衡 …………………………………………… (12)
　　四 文体特色显著 ………………………………………… (12)
　　五 兼类副词数量多、种类丰富 ………………………… (13)
第二章 元代副词的分类和来源 ……………………………… (14)
　第一节 程度副词 …………………………………………… (14)
　　一 最高度 ………………………………………………… (15)
　　二 次高度 ………………………………………………… (17)
　　三 轻微度 ………………………………………………… (18)
　　小结 ………………………………………………………… (18)
　第二节 范围副词 …………………………………………… (19)
　　一 总括副词 ……………………………………………… (20)
　　二 限定副词 ……………………………………………… (22)
　　三 统计副词 ……………………………………………… (24)

四　类同副词 …………………………………………… (25)
　　小结 ………………………………………………………… (25)
　第三节　时间副词 …………………………………………… (26)
　　一　过去、已然 ………………………………………… (27)
　　二　现在、进行 ………………………………………… (29)
　　三　将来、未然 ………………………………………… (29)
　　四　初始 ………………………………………………… (30)
　　五　短暂、突发 ………………………………………… (31)
　　六　持续 ………………………………………………… (33)
　　七　暂且 ………………………………………………… (35)
　　八　逐渐 ………………………………………………… (36)
　　九　不定 ………………………………………………… (37)
　　十　最终 ………………………………………………… (38)
　　十一　累加 ……………………………………………… (39)
　　小结 ………………………………………………………… (39)
　第四节　情状方式副词 ……………………………………… (41)
　　一　表独自、各自、亲自 ……………………………… (42)
　　二　表故意、任意、无意 ……………………………… (43)
　　三　表相互、逐一、齐同 ……………………………… (45)
　　四　表公然、暗然 ……………………………………… (47)
　　五　表极力、着急 ……………………………………… (48)
　　六　表徒然 ……………………………………………… (50)
　　七　表径直、只顾 ……………………………………… (51)
　　八　表重复 ……………………………………………… (52)
　第五节　否定副词 …………………………………………… (56)
　　一　单纯否定 …………………………………………… (57)
　　二　对已然的否定 ……………………………………… (57)
　　三　对判断的否定 ……………………………………… (58)
　　四　禁止 ………………………………………………… (58)
　　小结 ………………………………………………………… (59)

第六节　语气副词 …………………………………… (60)
　　一　确认强调类 …………………………………… (61)
　　二　委婉推测类 …………………………………… (65)
　　三　疑问反诘类 …………………………………… (67)
　　四　评价类 ………………………………………… (69)

第三章　元代副词使用概况 …………………………… (73)
第一节　程度副词 …………………………………… (75)
　　一　最高度 ………………………………………… (75)
　　二　次高度 ………………………………………… (79)
　　三　轻微度 ………………………………………… (80)
第二节　范围副词 …………………………………… (81)
　　一　总括副词 ……………………………………… (81)
　　二　限定副词 ……………………………………… (84)
　　三　统计副词 ……………………………………… (86)
　　四　类同副词 ……………………………………… (87)
第三节　时间副词 …………………………………… (88)
　　一　过去、已然 …………………………………… (88)
　　二　现在、进行 …………………………………… (90)
　　三　将来、未然 …………………………………… (91)
　　四　初始 …………………………………………… (91)
　　五　短暂、突发 …………………………………… (92)
　　六　持续 …………………………………………… (95)
　　七　暂且 …………………………………………… (97)
　　八　逐渐 …………………………………………… (98)
　　九　不定 …………………………………………… (100)
　　十　最终 …………………………………………… (101)
　　十一　累加 ………………………………………… (102)
第四节　情状方式副词 ……………………………… (103)
　　一　表独自、各自、亲自 ………………………… (103)

二　表故意、任意、无意 …………………………………（105）
　　三　表相互、逐一、齐同 …………………………………（108）
　　四　表公然、暗然 …………………………………………（110）
　　五　表极力、着急 …………………………………………（112）
　　六　表徒然 …………………………………………………（115）
　　七　表直接、只顾 …………………………………………（116）
　　八　表重复 …………………………………………………（118）
第五节　否定副词 ……………………………………………（120）
　　一　单纯否定 ………………………………………………（120）
　　二　对已然的否定 …………………………………………（121）
　　三　对判断的否定 …………………………………………（122）
　　四　禁止 ……………………………………………………（122）
第六节　语气副词 ……………………………………………（124）
　　一　确认强调类 ……………………………………………（124）
　　二　委婉推测类 ……………………………………………（132）
　　三　疑问反诘类 ……………………………………………（135）
　　四　评价类 …………………………………………………（138）
第四章　元代常用副词 …………………………………………（141）
　第一节　煞、最、更1、越、略、微 ………………………（142）
　第二节　都、皆、尽、则、子、共、凡、通、也、亦 ……（146）
　第三节　曾、已、才2、正1、将1、方、忽、猛、尚、直1、
　　　　　还1、且、暂 …………………………………………（150）
　第四节　渐、看看、偶、早晚、有时、随时、终、到底1、
　　　　　终须、又、再 …………………………………………（153）
　第五节　独2、各、独自、不觉、不由、特3、胡、并、相、
　　　　　一同 ……………………………………………………（156）
　第六节　暗、窃、暗暗、硬、苦、好生3、徒、直2、常、
　　　　　频、重 …………………………………………………（159）
　第七节　不、无、未、不曾、非、休、没 …………………（162）

第八节　仿佛、岂、正2 ……………………………（163）
　　　小结 ………………………………………………（164）

第五章　元代新产生的副词 …………………………（165）
　　第一节　音节结构 …………………………………（165）
　　第二节　构词方式 …………………………………（166）
　　　一　单纯词 ………………………………………（167）
　　　二　复合词 ………………………………………（167）
　　第三节　来源与演变 ………………………………（170）
　　　一　程度副词 ……………………………………（170）
　　　二　范围副词 ……………………………………（171）
　　　三　时间副词 ……………………………………（172）
　　　四　情状方式副词 ………………………………（174）
　　　五　否定副词 ……………………………………（176）
　　　六　语气副词 ……………………………………（176）
　　　小结 ………………………………………………（180）

第六章　元代多义副词 ………………………………（181）
　　第一节　才、畅、到底、多、顿然、刚 ……………（181）
　　第二节　更、还、好生、将、竟、绝 ………………（185）
　　第三节　聊、莫、恰、全、稍、特 …………………（189）
　　第四节　勿、辄、正1、直、专 ………………………（193）
　　　小结 ………………………………………………（197）

第七章　元代兼类副词 ………………………………（198）
　　第一节　并、畅、单、独、顿、多、多少 …………（200）
　　第二节　方、非、更、果、好、浑、极、兼 ………（205）
　　第三节　较、尽、决定、绝、苦、立、良 …………（211）
　　第四节　聊、略、密、乃、且、窃、亲、权 ………（216）
　　第五节　全、稍、少、深、甚、妄、微、相 ………（220）
　　第六节　休、也、已、益、约、越 …………………（224）
　　第七节　真、正、直、只、骤、子、总 ……………（228）

小结 ……………………………………………………（232）
参考文献 ………………………………………………………（234）
参考工具书和语料库 …………………………………………（245）
后记 ……………………………………………………………（246）

绪 论

与印欧语系中的诸多语言相比，汉语的副词是比较特殊的一类，既有实词的一些语法特点，能充当一定的语法成分，甚至还可以单独成句，又具有虚词的一些特点，意义不够具体实在，语法功能突出。与某些实词相比，副词数量不多，但是功能复杂，使用范围广，使用频率高，并且大部分经历了比较漫长的虚化过程，有些属于多义，有些还属于兼类，一直是汉语研究的重点。目前对于副词的研究主要分为两类：宏观研究和微观研究。微观类研究起步相对早，早期主要是对某一副词进行具体的静态描写分析，侧重副词功能、性质、特点等的描写，大多是随文释义。自20世纪80年代以后，随着语言学理论的发展，副词研究由静态研究慢慢走向动态研究，副词研究逐渐走向纵深，探讨副词的来源、历史演变及其规律等，这类研究目前相对较多，成果比较丰富。虽然这类研究是副词研究的基础，但是对于某些或某类副词的静态意义或功能的描写过于细致，造成冗长与繁琐，缺少系统性和条理性。对于一些副词的使用数量与频率等缺少统计，分析缺少科学性；宏观研究起步相对较晚，侧重对某一时代的副词从整体上对其性质、功能、使用状况等进行静态描写，并对副词的演变等进行动态的梳理与研究。目前此类研究缺少行之有效的理论，更缺少直接可以借鉴的研究成果。

元代是我国少数民族大融合时期，是近代汉语的主体部分，是汉语发展转变的重要时期，这一时期俗文学占据主流，口语在文学书写中的地位和比例逐渐增加，这使得该时期的词汇语法更接近当时实际生活状况，因此语料更具有研究价值，但到目前为止还没有人对元代的副词进行系统全面的研究，本书所要研究的首先是元代副词的系统以及元代副词的源流与演变，并对元代所有副词做全面细致的断代描写。元代副词大部分来源于上古或中古，这部分副词有的使用语体发生转变，由书面语转向口语等，有的延续了以前的用法和意义，有的则出现了改变，有的副词使用数量和频率也发生改变，由常用或非常用向相反的方向转变，另外元代出现了很多新兴的副词，这些副词不少具有典型的时代性，有的具有典型的文体特点，有的则是受少数民族语言影响而产生的，其语义和语用也具有不少时代特色。并且元代的这些副词有的经过发展演变沿用到现代汉语中，有的则在使用中逐渐被淘汰，甚至只出现在元代。本书通过对元代副词穷尽式的搜集与调查研究，尽量多的描写分析元代的副词，并对元代的常用副词、新兴副词、多义副词、兼类副词等的形成过程及其在汉语史中的发展演变等进行全面的探索，通过共时描写与历时比较，详尽勾勒元代副词的基本面貌和时代特色，这对汉语史研究具有重要意义。其次，本书在对元代副词进行断代描写分析的基础上，探讨副词研究的一些理论问题。目前汉语副词虽然研究比较多，但是一些理论问题依然没有解决，如副词的界定，副词的分类等，至于副词的历史演变问题更是复杂，如旧有的副词使用数量和频率为什么下降或上升，甚至消失，而新兴副词为什么会出现，新旧副词之间的兴替以及各自兴衰存亡之间的关系及其造成的原因与规律等，再有多义副词各个义项之间的关系及其演变，兼类副词各个词类之间的关系及其转变等。本书就这些问题以元代副词为例，进行深入探讨，对汉语副词的研究，具有重要的理论价值和意义。再次，本书以元代副词为切入点，采用宏观视角，充分运用共时和历时相结合的研究方法，在断代描写的基础上进行深入的历时探源，上溯上古汉语时期，下至现代汉语时期，并在此基础上进行理论探讨，为断代语法词汇史的研究提供新的方法借鉴，为断代汉语史研究提供资料，对断代汉语史研究具有重要价值。

  本书的研究范围涉及整个汉语史，重点范围是近代汉语时期。目前汉语史的分期，学术界一直有不同的观点。王力认为："汉语史分为上古、中古、近代和现代汉语四个阶段，其中公元13世纪到19世纪（鸦片战争）为近代（自1840年鸦片战争到1949年五四运动为过渡阶段)。"① 潘允中认为:"自宋元明清至鸦片战争以前,是汉语的近代时期。"② 吕叔湘认为:"以晚唐五代为界,把汉语的历史分为古代汉语和近代汉语两个大阶段是比较合适的。至于现代汉语,那只是近代汉语内部的一个分期,不能跟古代汉语和近代汉语鼎足三分。"③ 胡明扬认为:"近代汉语的上限不晚于隋末唐初,下限不晚于《红楼梦》以前。"④ 蒋绍愚认为:把语音和语法综合起来看,把唐代初年作为近代汉语的上限是可以的……下限定为十八世纪中期,或者粗略一点说,定在清初。"⑤ 袁宾认为:"在认识近代汉语历史范围问题上,我们觉得可以确立下面两条原则:(一)认识主干部分的原则。(二)前后部分可以重叠的原则。"⑥ 结合袁宾的主干原则,综合各位前辈的观点,我们把晚唐五代作为近代汉语的起点,把明代作为近代汉语的下限。

本书的研究语料分为两部分:

(一) 元代语料

由于历史原因,元代流传下来并能确定具体产生时间和作者的作品并不多,为了对元代副词进行全面细致的研究,我们选用语料时采用模糊原则,即但凡是元代创作的作品都算元代的作品,由于精力有限,我们对有些作品,只选择其中一部分作为研究语料,我们的选用的元代语料如下:

1.《元刊杂剧三十种》

《元刊杂剧三十种》是现存唯一元代刊刻的元杂剧选本,是研究元代历史文化及语言的重要文献,蒋绍愚在《近代汉语研究概况》中说:"在以元杂剧为研究元代语言的资料时,应依据《元刊古今杂剧

---

① 王力:《汉语史稿》,中华书局1980年版,第23页。
② 潘允中:《汉语史概要》,中州画社1982年版,第3页。
③ 吕叔湘:《汉语语法分析问题》,商务印书馆1979年版,第89页。
④ 胡明扬:《近代汉语的上下限和分期问题》,载胡明扬《近代汉语研究》,商务印书馆1992年版,第132页。
⑤ 蒋绍愚:《近代汉语研究概况》,北京大学出版社1994年版,第4页。
⑥ 袁宾:《近代汉语概论》,上海教育出版社1992年版,第9页。

三十种》。"① 但是正如王国维所说："该书出坊间，多讹别之字，并且由于年代久远，有些字迹已经模糊不清，版子也出现了断烂"②，这给阅读和研究带来了很大不便。基于此点，许多学者对《元刊杂剧三十种》进行了校订，本书以徐沁君校点的《新校元刊杂剧三十种》为依据。

2.《老乞大》

《老乞大》是高丽、朝鲜时代最重要的汉语教科书之一，成书于元代末年，是研究元代语言的必选语料之一。江蓝生曾指出："会话课本《老乞大》的语言跟直讲体十分接近，比直讲体还要口语化，更能反映当时北方汉语口语的真实面貌。"③ 刘坚④等也指出："作为学习汉语的教科书，会话书的语言应该是典范的，合乎共同语标准的，古代的会话书是我们今天研究古代白话的极好资料。"《老乞大》流传至今，经过多次重刊和修订，本书以2002年郑光主编外语教研社出版的《原本老乞大》为依据，这个版本在古本《老乞大》的基础上修订而成，最大程度的反映了北方官话区语言的真实面貌。

3.《元典章·刑部》

《元典章》全名《大元圣政国朝典章》，是元代法典的集成，刊刻于英宗至治元年，记录的是元世祖中统元年至仁宗延祐七年之间的皇帝诏命、法律条令、案件申报与审核等各类法律公文，是研究元代历史、法律、语言的宝贵语料。李崇兴认为："《刑部》是《元典章》里面白话资料最为集中的一部分，也是篇幅最大的一部分。利用《元典章》考察元代汉语可以选择《刑部》作为代表。"⑤《元典章》流传至今的版本有很多，但大都存在这样或那样的问题，本书以李崇兴、

---

① 蒋绍愚：《近代汉语研究概况》，北京大学出版社1994年版，第43页。
② 王国维：《元刊杂剧三十种序录》，载《王国维戏曲论文集》，中国戏剧出版社1984年版，第21页。
③ 江蓝生：《〈老乞大〉四种版本语言研究序》，语文出版社2003年版，第2页。
④ 刘坚、江蓝生、白维国、曹广顺：《近代汉语虚词研究》，语文出版社1992年版，第32页。
⑤ 李崇兴：《〈元典章·刑部〉的语料价值》，《语言研究》2003年第3期。

祖生利点校的《大元圣政国朝典章·刑部》为依据，此版本最大程度的保留了元代语言的本真面貌。

4.《元刊全相平话五种》

《元刊全相平话五种》是元朝建安虞氏于至治（公元1321—1323）年间刊刻的讲史话本。五种包括《全相武王伐封平话》、《全相七国春秋后集平话》、《秦并六国平话》、《全相前汉书续集平话》和《全相三国志平话》，是现存最早的讲史话本，语言风格上文言与白话混合，较真实的反映了元代的实际语言状况。本书以钟兆华点校的《元刊全相平话五种校注》为依据。

5.《全元散曲》

《全元散曲》为我国元代散曲总集，是隋树森先生历经十七年参校编纂而成，共收录自金代元好问至元末明初谷子敬等二百一十三位散曲家的作品，小令三千八百五十三首，套数四百五十七套，真实地反映了元代文人的口语面貌。

6. 其他语料

吴澄的《经筵讲义》和许衡的《大学直解》、《直说大学要略》，是现存元代重要的会话口语资料，真实地反映了元代的会话口语面貌。我们采用《近代汉语语法资料汇编（元代明代卷）》1990年商务印书馆的点校本。

（二）其他时代的语料

因为要对元代副词进行历时的比较研究，所以我们必须对其他时期的语料进行选择，主要有以下几种：

1. 唐代

蒋绍愚认为："应将唐代变文作为研究当时汉语词汇的重要语料"[①]，我们以黄征、张涌泉编，中华书局1997年出版的《敦煌变文校注》（下称《变文》）为依据。

2. 宋代

《朱子语类》（下称《语类》）是南宋朱熹讲课实录，口语性高，

---

① 蒋绍愚：《近代汉语研究概要》，北京大学出版社2005年版，第23页。

较真实的反映了当时的语言面貌,我们以王星贤点校的《朱子语类》为依据。

3. 明代

《金瓶梅》(下称《金》)成书于明代嘉靖年间,是第一部以市井人物与世俗风情为中心的小说,口语性极高,是近代汉语向现代汉语发展过程中的一部重要文献,本书考察所用的版本是以陶慕宁校注的《金瓶梅词话》为依据。

4. 现代汉语

现代汉语,我们以 CCL 语料库为依据。

本书相关说明：

(一) 副词始见时代

副词的始见时代,我们一般以《汉语大字典》、《汉语大词典》、《古汉语虚词词典》等大型权威工具书为依据,同时参考王力、董志翘、唐贤清等前辈时贤的专著、文章。因为文章着力点是考察元代副词在汉语史中的地位,尤其是近代汉语史中的地位,所以,那些出现在上古或中古的副词,我们并没有标出具体出现的时代。

(二) 双音节或多音节副词的确定

由于汉语缺少形态标志,词和短语的划分一直存在争议,我们以吕叔湘的五条标准为原则："(1) 这个组合能不能单用,这个组合的成分能不能单用;(2) 这个组合能不能拆开,也就是这个组合的成分能不能变换位置或者让别的语素隔开;(3) 这个组合的成分能不能扩展;(4) 这个组合的意义是不是等于它的成分的意义的总和;(5) 这个组合包含多少语素,也就是它有多长。"[①] 因为元代文献中有不少是杂剧和散曲,所以我们还以顾学颉、王学奇的《元曲释词》作为参考标准。

(三) 副词标注

我们用阿拉伯数字标注多义副词,例如,"才"在副词中有两个副词义项,我们标注为"才1""才2",副词在元代的使用频率则标

[①] 吕叔湘:《中国文法要略》,商务印书馆 1982 年版,第 3 页。

注在其后的括号内，如"才1（143）""才2（431）"。

（四）副词使用比率

副词的使用比率是指每个副词的使用频率在同类副词所有使用频率总和中所占的比例，如"略"在元代语料中出现119次，元代表示轻微度的程度副词共有5个，使用频率总计为411次，"略"在元代同类词中的使用比率就是28.5%。使用比率是对每个词在同类词中所占比例的测算，显示的是相对数量。数量比率的使用虽然存在这样那样的问题，但是它可以避免因为所选语料数量、种类等不同质等造成的问题。

（五）引用体例

为了行文方便，我们的引文文献一般采用简写或省写的方式，《元刊》只标注所在曲目的折数；《典章·刑部卷》只标注刑部卷目；《平话》只标注具体平话的卷目；《散曲》先标注曲目，后标注作者；《老乞大》和其他资料都标注卷目。因为纸质文献转化为电子文献，所以我们在引用中不再标注页码。

第一章

元代副词概貌

第一节 副词概述

一 副词的界定

最早对副词进行系统研究的是马建忠,他在《马氏文通》中称之为"状字",但是对其性质方位等都没有具体的论述,但是自此之后,学术界对"副词"有了较多的关注,20世纪50年代之前,学术界更多的侧重副词的意义和基本特征研究,这主要受传统训诂学的影响。50年代之后人们更多侧重功能研究,这主要是受结构主义语言学的影响,后期多是意义与功能相结合的研究,如王力《中国现代语法》认为:"凡词,仅能表示程度、范围、时间、可能性、否定作用等,不能单独地指称实物、实情或实事者,叫做副词。"[1] 吕叔湘的《现代汉语八百词》:"副词的主要用途是做状语,修饰动词、形容词或者修饰整个句子。"[2] 朱德熙《语法讲义》指出:"我们把副词定义为只能充任状语的虚词。"[3] 张谊生《现代汉语副词研究》说:"副词是主要充当状语,一部分可以充当句首修饰语或补语,在特定条件下一部分还可以充当高层谓语或准定语的具有限制、描摹、评注、连接等功能的半开放类词。"[4] 结合前人的研究成果,我们从功能角度出发,认为

---

[1] 王力:《中国现代语法》,商务印书馆1985年版,第118页。
[2] 吕叔湘:《现代汉语八百词》,商务印书馆1980年版,第12页。
[3] 朱德熙:《语法讲义》,商务印书馆2007年版,第192页。
[4] 张谊生:《现代汉语副词研究》,学林出版社2006年版,第10页。

在句子中一般只能充当谓词进行修饰的成分，一般不能被其他成分修饰的词为副词。

二　副词的归属

关于副词的归属，学术界一直有不同的观点，《马氏文通》将其归为"实字"，其后学者们主要有三种观点：（一）虚词说。吕叔湘从意义角度，认为副词意义比较空灵，因此将副词归为虚词；朱德熙从功能角度，认为副词符合虚词的黏着、封闭、固定等特点，也将其归为虚词。（二）实词说。黄伯荣和廖旭东认为语法形态和功能是词类划分的主要依据，因此将副词列为实词。（三）半实半虚说，王力指出："副词可说是介乎虚实之间的一种词，他们不算纯虚，因为他们还能表示程度'范围'时间等；然而他们也不算纯实，因为他们不能单独地表示一种实物，一种实情，或一种实事。"[①] 我们认为王力的"半实半虚"是符合汉语副词的特点的，汉语副词部分意义比较实在，如某些范围副词等，有的意义比较虚，如某些程度副词等；汉语副词在句子中能够充当语法成分，因此具有实词性；副词充当的句法成分比较固定，功能单一，有学者指出具有一定的"纯状性"，因此具有一定的虚词性。我们认为副词具有半实半虚性质，因此在副词内部再分类时我们采用语用与语义相结合的标准。

三　副词与其他词类的区分

汉语缺少形态变化，我们划分词类的主要依据功能、分布与意义，其中前两点是主要依据，我们以此来将副词与其他词类做出区分，主要如下：

（一）副词与形容词

副词虽然和形容词一样都可以充当谓词性结构的修饰成分，但形容词能做体词性结构的修饰成分，并且能充当谓语，能被其他成分修饰，副词都不可以。如：

[①] 王力：《中国现代语法》，商务印书馆1985年版，第34页。

（1）可知我恰轻敲着他那边厢越分外的响，相公呵，这的是那打香印使来的锣棒。（风月紫云亭第四折）

（2）伯禽备法驾非公道，微臣免朝请忒分外。（辅成王周公摄政第四折）

例子（1）中"分外"做状语，修饰动词"响"，应看做副词，例子（2）中"分外"做"请忒"的补语，应看做形容词。

（二）副词与连词

黄盛璋曾提出过划分副词和连词的两个标准："（1）凡能用于主语前面的，一定是连词而不是副词，所以而且、但是、然而等都是连词；（2）凡是不能用于主语前面的的，一定是副词不是连词；（3）虽然能用于主语前头，但又不能一句站得住，那也是副词不是连词；（4）凡能用于主语前头，但又不能单独一句站的住，必须有上下文，是连词不是副词。"[①] 我们以此为依据区别连词与副词，如：

（1）又不会赴蟠桃，又不会上青霄，不死去几时了。（三度任风子第四折）

（2）我又赤手空拳，越好汉越慈善。（公孙汗衫记第四折）

因此例子中都是副词，而不是连词。

第二节　元代副词概貌

根据前文所确定的副词概念与原则，我们对元代副词进行穷尽式的搜索，发现元代副词共计440个，其中单音节副词166个，双音节副词246个，三音节副词28个。这些副词内部可以进行再分类，我们根据语义与应用相结合的方法，进行再分类，其中程度副词35个，

[①] 黄盛璋：《论连词与副词的划分》，《语文教学》1957年第8期，第24—25页。

范围副词48个，时间副词102个，情状方式副词116个，否定副词23个，语气副词116个，与现代副词体系基本一致。并且副词各个次类的语义与功能等与现代副词也基本相同，通过这些副词的分析研究，可以看到元代副词的总体面貌。

本书后面各章节将从不同角度对元代副词进行细致分析研究，本节先对元代副词的基本面貌做一个概括性描述，对元代副词有个基本了解。

一 来源丰富，层次性强

元代副词作为一个独立的词汇系统，具有明显的时间层次性，有的产生于上古或中古，如程度副词中的"分外、极、良、颇、深、甚、太、至、最"等，也有来自于近代的"畅、倒大、倒大来、好、很、煞、十分、忒"等，其中有些是自元代才开始出现的如"畅"等。这些来自不同层次的副词以双音节副词为主，其中大部分是合成词。元代新产生的这些副词大多数是经过重新分析之后形成，还有少部分是并列结构，然而其余类型的构词方式比较少见，尤其是主谓式。附加式构词在元代依然比较活跃，汉语中的副词词缀在元代都依然具有很强的构词能力，如"X+道：畅道、怪道；X+地：兜地、脱地、乍地；X+个：独自个、逐一个；X+可：猛可；X+里：暗里；X+然：顿然1、猛然、直然；X+则：多则、敢则；X+生：好生"等。

二 稳定性与变化性并存

元代副词大部分来自上古或中古，或者来自唐宋时期，元代产生的副词并不是很多，并且元代副词大部分继承了前代的语法与语用功能。元代副词很多已经消失，或者转变为其他用法，或者潜藏于某些方言中，但是大部分沿用到现代，只有少部分副词沿用到现在的比率低于50%，可见元代副词的稳定性相对较强。但是变化性也依然不少，尤其是元代的常用副词的变化，如表示逐渐类的副词"看看"在元代使用比率为10.6%，属于常用副词，但是在近代汉语其他时期使用比率都不高，在明代使用比率仅为5.6%，不能看做常用副词，在现代汉语中使用比率更低。再如"渐"在元代使用比率为69.6%，是当时最常用的副词，但在现代汉语中已经不能单独使用。

三　发展不平衡

元代副词发展很不平衡。主要表现为以下几点：

第一，不同次类的副词发展不平衡。

相对而言，元代六类副词中，否定副词和范围副词变化最小，稳定性最强，大部分副词沿用到现代汉语中。其余副词次类相对变化较大，尤其是语气副词，新产生的副词数量与从上古或中古继承而来的副词的数量相差不大，可见稳定性就相对比较差，并且大部分没有沿用到现代汉语中。

第二，同次类副词内部发展不平衡。

在同次类副词中，有的副词发展比较迅速，有的则变化不大，甚至一直不变，例如否定副词中除禁止类否定副词之外，其他三类副词内部变化都不大，这些副词都来自上古或中古，大部分都沿用到现代汉语中。范围副词内部发展也不平衡，类同副词都来自上古或中古，也都沿用到现代汉语中，在汉语史中发展得比较稳定，限定范围副词则变化比较大，产生了许多新成员，但新成员很多在现代汉语中消失了。在最不稳定的语气副词中委婉推测类的语气副词相对比较稳定一些。

第三，同一副词不同义项之间的发展不平衡。

元代副词中许多副词具有两个或两个以上的副词义项，这些副词义项在使用和发展上也很不平衡。产生于近代的副词"畅"具有程度副词和语气副词两个义项，程度副词"畅1"使用数量要远远高于语气副词"畅2"，并且"畅1"在现代粤方言中依然存在，但是"畅2"已经消失。

四　文体特色显著

元代比较盛行的文体是杂剧和散曲，这种文体与其他时代的文体有很大的差别。受文体影响，元代的副词出现了不少多用于这些文体的副词，如：子、子是、子管、子管里、则管里等。这些副词在以后的时代里很少出现，在现代汉语中大多走向消亡。

五 兼类副词数量多、种类丰富

元代兼类副词共 48 个，总数已超过 10%，可见数量之多。元代副词兼类不仅有实词间的兼类，如名词副词的兼类：才；如形容词副词兼类：畅、单；有的兼有三个词类，如：别、顿；有的甚至实词虚词同时兼备，如：并、多少；这些兼类词大都来源于上古或中古，在汉语史中发展比较稳定。

第二章

元代副词的分类和来源

关于副词以及副词的分类，学者们从不同的角度出发，进行了详尽而深入的研究，我们结合元代语言的实际状况，以语法功能为主要依据，同时参考语义标准，将元代副词分为：程度副词、范围副词、时间副词、情状方式副词、否定副词和语气副词六类。本章将对这些副词的产生时代以及它们在现代汉语中的使用情况做出分析。

第一节 程度副词

程度副词是表示性质状态或动作行为所达到的各种程度的副词，该类词近代汉语与现代汉语两个时期语法功能差别较大，在现代汉语中程度副词修饰形容词以及少数动词和动词性结构，而在近代汉语中程度副词却可以比较自由地修饰动词性结构，少数还能修饰充当谓语的 NP。关于程度副词的分类，学者们一直有不同的观点，王力将程度副词分为绝对和相对两类，"凡无所比较，但泛言程度者，叫作绝对的程度副词"[1]；"凡有所比较者，叫作相对的程度副词"[2]。黄盛璋、马真、周小兵等都支持并继承了王力的观点。杨伯峻和何乐士将程度副词分为"表示程度高，表示程度在变化之中，表示程度轻微，表示程度正恰合适，表示程度差不多五类"[3]。太田辰夫在《中国语历史文法》中将程度副词分为"表示强度和表示弱度两类，表示强度

---

[1] 王力：《中国现代语法》，商务印书馆1985年版，第87页。
[2] 同上书，第93页。
[3] 杨伯峻、何乐士：《古汉语语法及其发展》，语文出版社2000年版，第76—98页。

又分表示极比和单表程度之甚"[①] 的两个小类；吴福祥在《〈朱子语类辑略〉语法研究》中按程度义将程度副词分为"高程度、低程度和比较度三类"[②]。我们认为程度副词所表示的程度是一个连续变化的体系，是一个连续统，从其变化的程度考虑，结合元代副词的实际使用状况，我们将元代程度副词分为：最高度、次高度、轻微度三种。具体分析如下。

一 最高度

这类副词修饰 VP 和 AP，语义上表示动作行为或事件状态的程度达到很高、至极或过甚的程度，元代共有 23 个，根据产生时代分析如下：

1. 产生于上古或中古

此类共有 12 个，具体如下：

多少、分外、极、绝1、良、颇、深、甚、太、特1、至、最

例如：

（1）一股鸾钗半边镜，世间多少断肠人！（诸宫调风月紫云亭第三折）

（2）【倘秀才】饿的我肚里饥少魂失魄，冻的我身上冷无颜落色。这雪飘在俺穷汉身边冷的分外。（看钱奴买冤家债主第一折）

（3）【青哥儿】（正末云:）这穷的街上极多。（天赐老生儿第一折）

（4）【高平煞】到来日绝早到坟头，我与你庐墓丁忧，一片心虽过当，无虚谬。（死生交范张鸡黍第三折）

（5）良久只见，诗曰：人怒之时马也怒，……（秦并六国平话·卷上）

[①] 太田辰夫：《中国语历史文法》，北京大学出版社 2003 年版，第 79 页。
[②] 吴福祥：《〈朱子语类辑略〉语法研究》，河南大学出版社 2004 年版，第 32 页。

(6) 为我每日好吃那酒，人口顺都叫我任风子。<u>颇</u>有些家私。（马丹阳三度任风子第一折）

(7)【牧羊关】您孩儿无挨靠，没倚仗，<u>深</u>得他本人将傍。（闺怨佳人拜月亭第二折）

(8) 然尝禁止，为无罪名，犯者<u>甚</u>多。（刑部·卷二）

(9)【鸳鸯煞】唱道惆怅功名，因何<u>太</u>晚？（萧何追韩信第二折）

(10)【牧羊关】你挥的玉麈<u>特</u>迟，打的金钟畅紧。（泰华山陈抟高卧第二折）

(11)【黄钟尾】刘家邦，<u>至</u>不宁！（汉高皇濯足气英布第二折）

(12)【梅花酒】微臣<u>最</u>小胆，则待逐日醺酣。（好酒赵元遇上皇第四折）

2. 产生于近代

这类副词产生于近代，共计 11 个，具体如下：

畅1、倒大、倒大来、多1、好、好不、好生1、很、煞、十分、忒

例如：

(1)【牧羊关】你挥的玉麈特迟，打的金钟<u>畅</u>紧。（泰华山陈抟高卧第二折）

(2) 醒时炼药，醉后高眠，<u>倒大</u>清闲快活呵！（泰华山陈抟高卧第二折）

(3)【得胜令】往常坐朝的情怀，臣委实身无措心无奈；今日拜舞虽囊揣，<u>倒大来</u>千自由百千在。（辅成王周公摄政第四折）

(4)【叨叨令】那一柄青龙刀落处都<u>多</u>透！（关大王单刀会第一折）

(5) 关某暗想，日月<u>好</u>疾也！（关大王单刀会第三折）

(6)【双调】【新水令】妹子呵，你<u>好不</u>知福，犹古自不满

意口吵。(闺怨佳人拜月亭第四折)

(7)【油葫芦】那几个守户闲官老秀才,他每都很利害,把老夫监押的去游街。(散家财天赐老生儿第一折)

(8)【混江龙】张千,这厮好生无礼!(岳孔目借铁拐李还魂第一折)

(9)【普天乐】谁似俺公婆每穷得煞,嗜怎生直恁地月值年灾。(公孙汗衫记第三折)

(10)【剔银灯】不是我十分强,硬主仗,题着厮杀去摩拳擦掌。(关大王单刀会第三折)

(11)【梅花酒】自羞惭,官高后恼儿俺,禄重自忒贪。(好酒赵元遇上皇第四折)

二 次高度

有不少研究者称此类副词为比较度或比较级副词,一般修饰 VP 和 AP,其语义表示动作行为或状态程度与其他相比,程度加深或加重,但没有达到最高。元代此类副词共有 5 个,根据产生时代分析如下:

1. 产生于上古或中古

此类词共出现 3 个,具体如下:

更1、更加、尤

例如:

(1)【斗鹌鹑】则为帐下张达那厮厮嗔喝,兄弟更性似火,我本意待侑他,谁想他兴心坏我!(关张双赴西蜀梦第三折)

(2)【滚绣球】嫂嫂母亲行更加十分孝,俺嫂嫂近日来兄弟行重添一倍儿亲。(张千替杀妻第二折)

(4)【黄钟尾】俺弟兄情比陈雷胶漆情尤切,俺交友分比管鲍分金义更别。(死生交范张鸡黍第三)

2. 产生于近代

此类词共出现2个，具体如下：

较、越

例如：

(1)【滚绣球】读书的白衣换了紫袍，休题乐者为乐，则是做官比做客<u>较</u>装腰。（散家财天赐老生儿第二折）

(2)【贺新郎】白昼间频作念，到晚后<u>越</u>思量。（关张双赴西蜀梦第二折）

三　轻微度

此类副词功能上修饰 VP 和 AP，语义上表示动作行为或状态程度轻微，是程度副词中最弱的一类，因此也有人称其为弱度副词。这类词共出现5个，都产生于上古或中古，具体如下：

聊1、略、稍1、少、微

例如：

(1) 臣施一小计，<u>聊</u>损他兵。（秦并六国平话·卷上）

(2)【天下乐】贫道<u>略</u>有小术，便交你不饥寒。（陈季卿悟道竹叶舟第一折）

(3) 关公金疮<u>稍</u>敛，来日准备出战。（三国志平话·卷下）

(4)【二煞】痛哭悲凉，<u>少</u>添僝僽。（关张双赴西蜀梦第四折）

(5)【仙吕】【点绛唇】楚将极多，汉军<u>微</u>末，特轻可。（汉高皇濯足气英布第一折）

小结

上述资料显示，最高度程度副词共有23例，其中11个产生于上古或中古，占总数的52.2%，12个产生于近代，占总数的

47.8%，此类副词沿用到现在的只有17个：多少、极、绝1、颇、深、甚、特1、至、最、多1、分外、好、好不、很、十分、忒、太，占总数的73.9%；次高度程度副词出现5个，其中3个产生于上古或中古，占总数的60.0%，2个产生于近代，占总数的40.0%，此类副词全部沿用到现在；轻微度程度副词共有5个，全部产生于上古或中古，此类副词全部沿用到现在。元代程度副词具体情况如下表：

元代程度副词简表

词类/比例/产生时代	上古或中古	近代	沿用到现代	备注
最高度	52.2%	47.8%	73.9%	
次高度	60.0%	40.0%	100%	全部沿用到现代汉语中
轻微度	100%	0	100%	全部来自上古或中古，全部沿用到现代汉语中

从上表可以看出此类副词从上古或中古沿用下来的词，在同类词中所占比例都超过50%，其中轻微度程度副词所占比例是100%，可见该类词的稳定性比较强。沿用到现在的各类程度副词在所有词中的比例都超过50%，其中轻微度程度副词全部沿用到现在，可见程度副词的发展相对比较稳定。元代程度副词中最高度副词数量最多，最活跃，但也最不稳定；次高度副词，轻微度副词数量少，但是最稳定。总体来看元代的程度副词自元代以后，还是一直比较稳定的。

第二节 范围副词

范围副词早在《马氏文通》已有描述，将其看为"度事成之如许状字"①，此后许多语言学家都对此类副词做过专门论述，黎锦熙将其

---

① 马建忠：《马氏文通》，商务印书馆1983年版，第34页。

归入"数量副词"①，赵元任称其为"范围和数量副词"②。最早将范围副词单独列为副词次类的是朱德熙，但以上学者都没有明确对"范围副词"进行界定。关于范围副词的分类，学界主要有三个标准：第一，语义标准：太田辰夫将其分为单独、个别、相互、共同、统括五类③；第二，语法功能和语义相结合：杨荣祥将其分为总括副词、统计副词、限定副词、类同副词四类④；第三，多角度相结合：张谊生"根据表义功能，将其分为统括性范围副词、唯一性范围副词以及限制性范围副词三类，根据句法功能，将其分为附体性范围副词与附谓性范围副词，根据语义指向，分为前指范围副词与后指范围副词、单指范围副词与多指范围副词、实指范围副词与虚指范围副词"⑤。张亚军将其分为"总括性范围副词、排他性范围副词、限量性范围副词"⑥。肖奚强从集合的角度将其分为"超范围副词、等同范围副词和子范围副词"⑦。结合近代汉语副词的特点，我们以功能和语义相结合的标准将范围副词分为四类：总括副词、限定副词、统计副词、类同副词。具体分析如下。

一　总括副词

总括副词一般修饰 VP、AP、NumP、NP 和 S。语义上表示总括无例外，语义指向谓语中心词的相关项，元代共有 20 个，根据产生时代分析如下：

1. 产生于上古或中古

此类副词自上古或中古沿用而来，共计 13 个，具体如下：

都、浑、兼、皆、尽、尽皆、举、俱、全1、无非、悉、咸、总

---

① 黎锦熙：《新著国语文法》，商务印书馆 1924 年版，第 53 页。
② 赵元任：《汉语口语语法》，吕叔湘译，商务印书馆 1979 年版，第 21 页。
③ 太田辰夫：《汉语史通考江蓝生》，白维国译，重庆出版社 1991 年版，第 23 页。
④ 杨荣祥：《近代汉语副词简论》，《北京大学学报》1999 年第 3 期。
⑤ 张谊生：《论现代汉语范围副词》，《上海师范大学学报》2001 年第 1 期。
⑥ 张亚军：《副词与限定描状功能》，安徽教育出版社 2002 年版，第 31 页。
⑦ 肖奚强：《略论"除了……以外"与"都"、"还"的搭配规则》，《南京师大学报》1996 年第 2 期。

例如：

（1）【醉扶归】你道您祖上亲文墨，昆仲晓书集，从上流传直到你，辈辈儿都及弟。(关大王单刀会第二折)

（2）【赚煞】我交的茸茸蓑衣浑染的赤，变做了通红狮子毛衣。(关张双赴西蜀梦第一折)

（3）【混江龙】武王怒吊民伐罪，哀□独法正施仁，周公礼百王兼备，孔子道千古独尊，孟子时周流忧世。(死生交范张鸡黍第一折)

（4）【多盏儿】喧起后巷，闹了前街，诸人皆称赞，众口必消灾。(散家财天赐老生儿第一折)

（5）【贺新郎】家缘都撇漾，人口尽逃亡，闪的俺一双子母每无归向！(闺怨佳人拜月亭第二折)

（6）【梅花酒】龟大夫在旁边，鳖相公守跟前，鼋先锋可怜见，众水族尽皆全，摆列着一圆圈。(李太白贬夜郎第四折)

（7）高祖归天，文武举哀，令白虎殿停尸七昼夜，葬入山陵。(前汉书平话·卷中)

（8）【上小楼】大丈夫双手俱全，一人拼命，万夫难当。(关大王单刀会第三折)

（9）【混江龙】若有买封的闻人静，全凭圣典，不顺人情。(泰华山陈抟高卧第一折)

（10）【小桃红】为甚俺这樵夫得脱身？无非他皇天有信，从来不负俺这苦辛人。(晋文公火烧介子推第四折)

（11）【混江龙】陵谷高深悉变迁，山河气象映青虚。(陈季卿悟道竹叶舟第一折)

（12）【紫花儿序】奏武乐一人有庆，拜冕旒万国咸臻，偃兵戈四海无敌。(辅成王周公摄政第三折)

（13）【耍孩儿】没酒的休入衙门里，除睡人间总不知。(好酒赵元遇上皇第三折)

2. 产生于近代

此类副词产生于近代，共计 7 个，具体如下：

都则、各皆、尽都、尽数、尽形、俱各、一概

例如：

（1）【迎仙客】<u>都则</u>为我不肯张罗，以此上闲放着盘千斤磨。（风月紫云亭第三折）

（2）傍有关、张大怒，各带刀走上厅来，唬众官<u>各皆</u>奔走，将使命拿住，剥了衣服。（七国春秋平话卷上）

（3）【紫花儿序】<u>尽都</u>是火岭烟岚，望不见水馆山村。（晋文公火烧介子推第四折）

（4）若将前项田产<u>尽数</u>变卖，尚不及数。（刑部·卷五）

（5）今仰本路遍行合属，将滥设弓手截日<u>尽形</u>革去。（刑部·卷十五）

（6）省议：李政、何阿安所犯，系因奸杀死本夫，其二人<u>俱各</u>处死。（刑部·卷四）

（7）赴诉，其伊有服之亲，婚姻之家，乡间之长，明见被害，若此之类，<u>一概</u>禁断，不许告官。（刑部·卷四）

二 限定副词

限定副词一般修饰 VP、NumP。语义上表示对事物的范围、数量或动作行为的限定。元代共有 21 个，根据产生时代分析如下：

1. 产生于上古或中古

此类副词自上古或中古沿用而来，共计 13 个，具体如下：

不过、才1、单、但、独、特2、唯、惟、惟独、则、只、止、专1

例如：

（1）【七煞】若不遇二汉祖宽洪海量，尽今生<u>不过</u>绿袍槐简，那世里不能够紫绶金章。（死生交范张鸡黍第四折）

（2）【梁州第七】这些时但做梦早和敌军对垒,才合眼早不刺刺地战马相交。(尉迟恭三夺槊第一折)

（3）【哨遍】限时刻,十王地藏,六道轮回,单劝化人间世。(诈妮子调风月第二折)

（4）【滚绣球】你如今出下业冤,到明日赔着死钱,这衣服你与我但留取几件。(岳孔目借铁拐李还魂第二折)

（5）【折桂令】流落似守汨罗独醒屈原,飘零似泛浮槎没兴张骞。(李太白贬夜郎第四折)

（6）乐毅曰:"仁兄先生何来?"孙子曰:"特来讲和一件事。"(七国春秋平话·卷中)

（7）谁想不见,唯留纸一张,上有八句诗,须索交太师看。(东窗事犯楔子)

（8）您孩儿去晋城,知得重耳为君,号文公即位,将群臣都封赠了,惟忘了您儿。(晋文公火烧介子推第四折楔子)

（9）今惟独将汝椿罢役,委实不公。告乞施行。(刑部·卷十六)

（10）【收尾】不能勾侵天松柏长三丈,则落的盖世功名纸半张!(关张双赴西蜀梦第二折)

（11）【二煞】只愿的南京有俺亲娘,我宁可独自孤孀,怕他待抑勒我别寻个家长,那话儿便休想!(闺怨佳人拜月亭第二折)

（12）除演当房家口,止有妻并男子驴、女课儿等外,(刑部·卷五)

（13）【赚煞】专等你世袭千户的小夫人!(诈妮子调风月第一折)

2. 产生于近代

此类副词产生于近代,共计8个,具体如下:

单单、刚1、只好、只是、止不过、至少、孑、孑是

例如:

（1）【尾】为你知心腹倚仗着伊，可便半腰里无主成。似不般无恩情不管人憔悴，我则向心坎上单单系着你。(【般涉调】哨遍曾瑞)

（2）【六幺序】如今栋梁材平地刚三寸，怎撑撑万里乾坤。(死生交范张鸡黍第一折)

（3）上台基左歪右歪，又不敢着檀排，只好倒吊起朝阳晒。(【中吕】朝天子无名氏)

（4）每日学长将那顽学生师傅上禀了，那般打了时，只是不怕。(老乞大·卷上)

（5）【醉太平】又不比荔枝千里赴皇都，止不过上天街御路。(李太白贬夜郎第二折)

（6）【二煞】千里途程，至少呵来回三月。(死生交范张鸡黍第二折)

（7）【折桂令】子怕虎斗龙争，若起奸谗。(好酒赵元遇上皇第四折)

（8）【胜葫芦】你子是驴粪球儿外面光，卖弄星斗焕文章，没些个夫子温良恭俭让。(看钱奴买冤家债主第三折)

三 统计副词

统计副词一般修饰 VP、NumP。修饰 VP 时，必须带上一个 NumP 宾语，语义表示对动作行为或事物数量的统计，语义上也全部指向后面的数量短语。元代共有 5 个，根据产生时代分析如下：

1. 产生于上古或中古

此类副词自上古或中古沿用而来，共计 3 个，具体如下：

凡、共、通

例如：

（1）【幺篇】但凡事谨守着，父之道，别无德教。子这的是普天之下太平之兆。(辅成王周公摄政第二折)

（2）再添五两，共一百零五两，成交了罢，天平地平。(老

（3）你通几个人，几个马？（老乞大·卷上）

2. 产生于近代

这类副词产生于近代，共计 2 个，具体如下：

共通、通共

例如：

（1）我共通十一个马，量着六斗料与十一束草着。（老乞大·卷上）

（2）我通共四个人，十个马。（老乞大·卷上）

四 类同副词

类同副词般修饰 VP、AP、NP 和 S。语义表示类同，元代共有 2 个，都自上古或中古沿用而来，具体如下：

也、亦

例如：

（1）【混江龙】这青湛湛碧悠悠天也知人意，早是秋风飒飒，可更暮雨凄凄。（闺怨佳人拜月亭第一折）

（2）素无才德，倚丈人之势，亦在帝学。（死生交范张鸡黍楔子）

小结

根据上述资料显示，总括副词共有 20 个，其中 13 个产生于上古或中古，占总数的 65%，7 个产生于近代，占总数的 35%，此类副词沿用到现在的只有 10 个：都、浑、兼、皆、尽、尽数、举、俱、全1、一概，占总数的 50%；限定副词共有 21 个，其中 13 个产生于上古或中古，占总数的 61.9%，8 个产生于近代，占总数的 38.1%，此类副词沿用到现在的只有 16 个：不过、才1、单、但、独1、特2、唯、惟独、只、专1、刚1、单单4、只好、只是、止不过、至少，占总数的76.2%；统计副词共有5个，其中3个产生于上古或中古，占总数的60%，2个产生于近代，占总数的40%，此类副词沿用到现在的只有2个：凡、共1，占总数的40%；类同副词共计2个，都来自上古或中古，并都沿用到现代。元代范围副词的状况如下表：

元代范围副词简表

词类/比率/时代	上古或中古	近代	沿用到现代	备注
总括副词	65%	35%	50%	
限定副词	61.9%	38.1%	76.2%	沿用到现在的比率最高
统计副词	60%	40%	40%	
类同副词	100%	0	100%	全部来自上古或中古，全部沿用到现代汉语中

通过上表可以看出，从上古或中古继承而来的范围副词比例都超过60%，其中类同副词全部来源于上古或中古，可见元代范围副词大都从上古或中古继承而来，稳定性比较高。产生于近代的副词比例相对比较低，尤其是类同副词，可见元代范围副词在近代创新性比较低。范围副词的四个次类中沿用到现在的比率例很不一致，类同副词比例最高，占100%，统计副词则最低，只占到了40%。综合来看，类同副词数量最少，也最稳定，限定副词数量最多，也最活跃，但是稳定性也比较强。统计副词数量不多，活跃性不高，稳定性最差，总括副词则介于这些词之间。

第三节 时间副词

时间副词，最早由黎锦熙提出，他认为：时间副词"专从'时间流'中区别某种动作的一个时限，或表动时的持续，或表动时的反复；没有实体，专作副词：这就叫'时间副词'。"① 王力、李泉等人都对时间副词作过界定。我们认为时间副词，就是表示动作行为、状态或事件发生、出现的时间的副词。关于时间副词的分类，历来备受争议，陆俭明、马真把时间副词分成了"定时时间副词和不定时时间副词两类"②。唐贤清根据语义和功能两方面的差别，将时间副词分为9个小类："过去已然、将来未然、短暂突发、进行现在、持续不变、逐渐缓慢、表不定时、暂且、最终"③。杨荣祥将把时间副词从语义和功能的差别入手分为"表最终、过去、已然、突发短时、不定时、初始、暂且、将来未然、逐渐、进行10个小类"④。我们认为时间是具有单向性和连续性，区分清楚不是很容易，结合各位的观点，我们以语义和功能为依据，把相同或相反的类型放在一起。具体分类如下。

一 过去、已然

此类副词功能一般不修饰 S，通常只修饰 VP，少数修饰带有变化过程的 AP，语义上表示动作行为或事件发生、存在或完成在过去，元代共有 15 个，根据产生时代分析如下：

1. 产生于上古或中古

此类副词自上古或中古沿用而来，共计 12 个，具体如下：

才2、曾、曾经、尝、刚2、既、适、已、已经、预先、元、早

例如：

（1）<u>才</u>见一个狱卒，将一个人去油锅内煠他我去问阎王抄化做徒弟。（岳孔目借铁拐李还魂楔子）

（2）刮天刮地狂风鼓，谁<u>曾</u>受这番苦！（好酒赵元遇上皇第四折）

---

① 黎锦熙：《新著国语文法》，商务印书馆1924年版，第43页。
② 陆俭明、马真：《现代汉语虚词散论》，北京大学出版社1985年版，第89页。
③ 唐贤清：《〈朱子语类〉副词研究》，湖南人民出版社2004年版，第68页。
④ 杨荣祥：《近代汉语副词研究》，商务印书馆2005年版，第65页。

(3)【幺篇】六合内曾经你不良，把我七代先灵信口伤，八下里胡论告厮商量。(好酒赵元遇上皇第一折)

(4) 燕太子丹昔日质于秦，亡归燕，丹故尝质于赵，而秦王政生于赵。(秦并六国平话·卷中)

(5)【油葫芦】这等人向公侯伯子难安插，去驴骡马豕刚生下。(看钱奴买冤家债主第一折)

(6)【柳青娘】古语一言既出，方信驷马难追。(张鼎智勘魔合罗第四折)

(7) 适来棘门霸上二将军，真如儿戏耳！(前汉书平话·卷下)

(8) 今日三分已定，恐引干戈，又交生灵受苦。(关大王单刀会第一折)

(9) 介休于府学中攻书，已经半年之间，不知你做甚功课哩？(晋文公火烧介子推第三折)

(10) 今广东道肃政廉访司所言尸帐上预先标写正犯、干犯名色，事有窒碍。(刑部·卷五)

(11)【收尾】元是个卧牛城富豪民，少不得悲田院里冻饿杀！(公孙汗衫记第二折)

(12) 自从秦始皇灭，早三百余年也。(关大王单刀会第三折)

2. 产生于近代

此类副词产生于近代，共计3个，具体如下：

恰才、却才、适才

例如：

(1)【穷河西】你又不是恰才新认义，须是你的亲侄。哎！老丑生无端忒下的！(张鼎智勘魔合罗第四折)

(2)【柳叶儿】却才那齐管仲行无道，又见鲁义姑逞粗豪，咱呵可甚晏平仲善与人交。(萧何追韩信第一折)

(3)【快活三】想我着<u>适才</u>来涧底下,割得来与他家,烧得来半熟慌用手来拿,早是我涩柰无收煞。(晋文公火烧介子推第三折)

二 现在、进行

此类副词只能修饰 VP,语义表示动作行为正在发生,元代共有 2 个,根据产生时代分析如下:

1. 产生于上古或中古

此类副词自上古或中古沿用而来,只有 1 个:

正 1

例如:

我<u>正</u>唱到不肯上贩茶船的小卿,向那岸边厢刁蹬。(风月紫云亭第一折)

2. 产生于近代

这类副词产生于近代,只有 1 个:

正在

例如:

王翦<u>正在</u>军中坐,只见一阵风过,把风一嗅,便知张吉要来劫寨。(秦并六国平话·卷上)

三 将来、未然

此类副词表示动作行为在将来的某个时间会发生或存在,一般修饰 VP,有的可以修饰带有变化意义的 NumP。元代这类副词共计 3 个,根据产生时代分析如下:

1. 产生于上古或中古

此类副词自上古或中古沿用而来,共 2 个,具体如下:

将1、将次

它们的具体情况如下:

(1)【金盏儿】信着寡人心天晚早违了初限,借秦兵登旧路,从日出至夜<u>将</u>阑。(楚昭王疏者下船第一折)

(2)<u>将次</u>有了,你放卓儿先吃,比及吃了时,我也了了。(老乞大·卷下)

2. 产生于近代

此类副词产生于近代,只有1个:

将欲

例如:

通烙讫七十二下,又用麻绳,于捶上悬吊,<u>将欲</u>垂命;(老乞大·卷下)

四 初始

此类副词一般修饰VP,有的能修饰表示变化意义的NumP,语义上表示动作、事物发展的初始。元代这类副词共计3个,此类副词全部产生于上古或中古,具体如下:

方、方始、始

例如:

(1)【赚煞尾】咱仍子<u>方</u>知不孝娘,岂不闻哀哀父母断情肠。(小张屠焚儿救母第一折)

(2)详其所拟,必待加罪至于所止,然后<u>方始</u>除名。(刑部·卷八)

(3)鸿蒙肇判,风气<u>始</u>开。(齐国春秋平话·卷下)

五 短暂、突发

此类副词一般修饰 VP，少数也可修饰 S。语义上表示动作行为、状态短时间内发生、存在，或发生的时间间隔短暂。元代这类副词共计 23 个，根据产生时代分析如下：

1. 产生于上古或中古

此类副词自上古或中古沿用而来，共 10 个，具体如下：
登时、顿、忽、忽然、即时、立、辄1、随即、乍、骤
例如：

(1)【滚绣球】圆睁开杀人眼，轻舒开捉将手，那神道横将卧蚕眉皱，登时敢五蕴山烈火难收。（关大王单刀会第二折）

(2)【太平令】尘世上，勾当，顿忘，枉忘盹睡了都堂里宰相。（泰华山陈抟高卧第四折）

(3)【仙吕】【点绛唇】锦绣华夷，忽从西北，天兵起。（闺怨佳人拜月亭第一折）

(4)【滚绣球】到初更酒半醒，猛想起故园景，忽然感怀诗兴，对蓬窗斜月似挑灯。（严子陵七里滩楔子）

(5)【被盗杀死免检】斗殴杀伤人命，有司即时委官检复，责问行凶人，据法处断外。（刑部·卷五）

(6)【煞尾】他轻举龙泉杀车胄，怒拨昆吾坏文丑，麾盖下颜良剑枭了首，蔡阳英雄立取了头。（关大王单刀会第二折）

(7) 各部诸衙门人员，本欲呈身识面，或因细事，妄作疑似，辄赴都堂禀说，立案施行。（刑部·卷十五）

(8) 若获贼徒，略问所犯情节，随即发付有司。（刑部·卷二）

(9)【六幺序】贫儿乍富把征马宛跨，早不肯慢慢行咱，马儿上扭捻身子儿诈，鞍桥柞木，镫挑葵花。（看钱奴买冤家债主第一折）

(10)【沽美酒】骤将他职位迁，中京内做行院，把虎头金牌

腰内悬,见那金花诰帝宣,没因由得要团圆。(闺怨佳人拜月亭第四折)

2. 产生于近代

此类副词产生于近代,有13个,具体如下:

兜地、顿然1、忽地、猛、猛可、猛然、蓦、蓦地、脱地、一时、乍地、辄便、直然

例如:

(1)【赚煞】忽地却掀帘,兜地回头问,不由我心儿里便亲。(诈妮子调风月第一折)

(2)【倘秀才】太师顿然省将诗句议论,道这个呆行者好言而有准,道那八个字自包天地自杀身。(东窗事犯第四折)

(3)【赚煞】忽地却掀帘,兜地回头问,不由我心儿里便亲。(诈妮子调风月第一折)

(4)【牧羊关】我恰游仙阙,谒帝阍,猛惊得我跨黄鹤飞下天门。(泰华山陈抟高卧第一折)

(5)【落梅风】我恰猛可地向这厅堂中见,唬得我又待寻幔幕中藏。(风月紫云亭第四折)

(6)【朝天子】百忙里让咱,猛然的见他,不由我吃忒忒心头怕。(晋文公火烧介子推第三折)

(7)蓦闻旗开,忽睹一员猛将,是谁?(武王伐纣平话·卷下)

(8)【鹊踏枝】则见近高陂,靠长途,蓦地抬头,见座林木,这的是寺宇知他是庙宇,略而间避雨权居。(张鼎智勘魔合罗第一折)

(9)【哭皇天】(带云:)若是来日到御园中,(唱:)忽地门旗开处,脱地战马相交。(尉迟恭三夺槊第二折)

(10)【南吕】【一枝花】爷娘三不归,家国一时亡。(闺怨佳人拜月亭第二折)

第二章　元代副词的分类和来源　　　　　　　　33

（11）【幺篇】不争这厮提起那打球诈柳，写字吟诗，弹琴擘阮，撅竹分茶，交我兜地腹痛，乍地心酸！伯伯呵！（诸宫调风月紫云亭第三折）

（12）但见飞禽坐落，辄便射打，不顾伤人，有司未尝禁约，深为未便。（刑部·卷十）

（13）【梁州第七】如今央别人跨海征辽。壮怀怎消？近新来病体儿直然较。（尉迟恭三夺槊第二折）

六　持续

此类副词一般修饰VP和AP，语义上表示动作行为状态或事件等持续进行或存在。元代这类副词共计23个，根据产生时代分析如下：

1. 产生于上古或中古

此类副词自上古或中古沿用而来，共11个，具体如下：

从来、还1、仍、仍旧、尚、依然、永、永远、犹、犹自、直1

例如：

（1）【隔尾】您道谗臣自古朝中用，须是好事从来天下同。（赵氏孤儿第二折）

（2）【挂玉钩】它为甚还闷在阑干外？（严子陵垂钓七里滩第四折）

（3）仍差使命下一十八郡，取索经图降书，限半月赴司投降，如违者，定行剿灭。（秦并六国平话·卷中）

（4）姬昌先去见老母太任，礼毕，姬昌仍旧且理天下：重赏三军，轻收差税；（武王伐纣平话·卷中）

（5）俺孩儿李屠死了三日，心头尚暖，不敢埋他。（岳孔目借铁拐李还魂第三折）

（6）绿鬓衰，朱颜改，羞把尘容画麟台，故园风景依然在。（【南吕】四块玉高文秀）

（7）【倘秀才】愿天下心厮爱的夫妇永无分离！（闺怨佳人拜月亭第三折）

(8)【鬼三台】臣想统三军永远长春,不想半路里拔着短筹。(东窗事犯第三折)

(9)【幺篇】【仙吕】【点绛唇】七月才初,孟秋时序,犹存暑。(张鼎智勘魔合罗第一折)

(10) 日高犹自睡沉沉,梦绕鸳鸯枕。(【越调】小桃红乔吉)

(11)【滚绣球】直睡到冷清清宝鼎沉烟灭,明皎皎纱窗月影斜,有甚唇舌。(闺怨佳人拜月亭第二折)

2. 产生于近代

此类副词产生于近代,有12个,具体如下:

古自、尚古自、尚自、尚兀自、兀自、一迷、一迷的、一迷地、一迷里、一向、依旧、犹然

例如:

(1)【双调】【新水令】妹子呵,你好不知福,犹古自不满意口吵。(闺怨佳人拜月亭第四折)

(2)【太平令】快将斗来大铜鎚准备,将头梢定起,待腿脡掂只,打烂大腿,尚古自豁不了我心下恶气!(关大王单刀会第四折)

(3)【赚煞】七世亲娘休过当,尚自六亲见也惨惶。(好酒赵元遇上皇第一折)

(4)【正宫】【端正好】消酒力晚风凉,助杀气秋天暮,尚兀自身趔趄醉眼模糊。(马丹阳三度任风子第二折)

(5)【沽美酒】迎门儿拜母亲,犹兀自醉醺醺。(小张屠焚儿救母第四折)

(6) 促织聒得,聒得奴心碎,一迷埋怨到说奴不是。(【南吕】七贤过关无名氏)

(7)【油葫芦】嗤嗤把头发揪,使脚撞,耳根上一迷的直拳抢,都扯破我衣裳。(好酒赵元遇上皇第一折)

（8）【金菊香】我这里厮推厮抢老丈丈，不顾危亡，<u>一迷地</u>先打后商量。（看钱奴买冤家债主第三折）

（9）【梅花酒北】他将那点钢锹<u>一迷里</u>撅，劈贤刀手中撇。（【双调】珍珠马南无名氏）

（10）【驻马听】我若是不正当，枉了他那呆心肠，<u>一向</u>在咱心上。（风月紫云亭第一折）

（11）【幺篇】口边头奶腥也不曾落，顶门上胎发<u>依</u>旧存。（死生交范张鸡黍第一折）

（12）往常时趁鸡声赴早朝，如今近晌午<u>犹然</u>睡。（【双调】雁儿落兼得胜令张养浩）

七　暂且

暂且类时间副词，只能修饰 VP，语义上表示动作行为或事件等在很短时间内发生或存在，往往带有劝慰的语气和情态。元代这类副词共有 8 个，根据产生时代分析如下：

1. 产生于上古或中古

此类副词自上古或中古沿用而来，共 6 个，具体如下：

聊2、聊且、且、权、暂、暂时

例如：

（1）有张飞言曰："此处不是咱坐处。二公不弃，就敝宅<u>聊</u>饮一杯。"（三国志平话·卷上）

（2）且停些时，咱们<u>聊且</u>吃一杯酒，不当接风。（老乞大·卷下）

（3）【金盏儿】我门外摇着手做意哩！道你<u>且</u>休出来，<u>且</u>藏者！（汉高皇濯足气英布第一折）

（4）【金盏儿】怕不问时<u>权</u>做弟兄，问着后道做夫妻。（闺怨佳人拜月亭第一折）

（5）【牧羊关】托赖着日月光天德，山河壮帝居，请我主<u>暂</u>把眉舒。（诸葛亮博望烧屯第二折）

（6）【上马娇】你志已酬，你将灵圣暂时收。（死生交范张鸡黍第三折）

2. 产生于近代

此类副词产生于近代，只有2个，具体如下：

权且、暂时间

例如：

（1）【金蕉叶】你去三门前且躲，你去东廊下休来近我，你向树阴中权且歇波。（小张屠焚儿救母第二折）

（2）歇住头口着，暂时间卸下行李来，吃几盏酒便过去。（老乞大·卷上）

八 逐渐

逐渐类时间副词一般修饰VP，表示变化的AP和NP，语义上表示动作行为或事件进行或出现是逐渐开展。元代此类副词共有9个，根据产生时代分析如下：

1. 产生于上古或中古

此类副词自上古或中古沿用而来，共6个，具体如下：

积渐、渐、渐渐、日渐、稍2、益

例如：

（1）人活百岁七十稀，百岁光阴能几日，光阴积渐催，穿了吃了是便宜。（【不知宫调】时新乐邓学可）

（2）【鬼三台】听言罢，闷渐消，添欢喜，这官司试见的。（张鼎智勘魔合罗第四折）

（3）后来使的家私渐渐的消乏了，人口头足家财金银器皿都尽卖了，田产房舍也典当了。（老乞大·卷下）

（4）如此庶望日渐弊除，民安事简。（刑部·卷十五）

（5）不觉半载，稍益近之。（秦并六国平话·卷下）

（6）始皇益壮，太后淫不止。（秦并六国平话·卷上）

2. 产生于近代

此类副词产生于近代，只有3个，具体如下：

看看、逐日、逐旋

例如：

（1）【二煞】你看看业贯满，渐渐死限催，那三人等候在阴司内。（东窗事犯第二折）

（2）闷勾肆儿逐日添，愁行货顿塌在眉尖。（【双调】水仙子乔吉）

（3）监察重审无冤，不待秋分，逐旋施行呵，宜底一般。（刑部·卷一）

九　不定

不定类时间副词只修饰VP和S，不能修饰AP和NumP。语义上表示动作行为或事件进行或出现时间不确定，元代这类副词共有6个，根据产生时代分析如下：

1. 产生于上古或中古

此类副词自上古或中古沿用而来，共3个，具体如下：

有时、偶、随时

（1）【醉春风】人害兀那魔病有时潜，则这相思无处躲。（风月紫云亭第三折）

（2）上秦山，偶值风雨昏暗，不知道路，乃驻车。（秦并六国平话·卷上）

（3）不如法者，随时科决改正。（刑部·卷二）

2. 产生于近代

此类副词产生于近代，只有3个，具体如下：

或间、偶尔、早晚

例如：

（1）倘或间失手打破这盏儿呵，家里有几个七滩赔得过！（严子陵七里滩第四折）

（2）鸡羊鹅鸭休争，偶尔相逢，堪炙堪烹。（【双调】蟾宫曲薛昂夫）

（3）恰共女伴每蹴罢秋千，逃席的走来家。这早晚小千户敢来家了也。（诈妮子调风月第二折）

十　最终

最终类时间副词一般修饰VP，语义上表示事件、动作行为或结果等最终发生。元代这类副词共有5个，根据产生时代分析如下：

1. 产生于上古或中古

此类副词自上古或中古沿用而来，共2个，具体如下：

竟1、终

例如

（1）神器有归，竟输于宽仁爱人沛公。（秦并六国平话·卷下）

（2）【二煞】终有个人争偎亲，否极生泰。（看钱奴买冤家债主第二折）

2. 产生于近代

此类副词产生于近代，只有3个，具体如下：

到底1、终久、终须

例如：

（1）【圣药王】我岂谎，您诚想，苏小卿<u>到底</u>嫁双郎，因为和乐章，动官长。(【越调】斗鹌鹑赵明道)

（2）【笑和尚】您您您弟兄每厮顾恋，俺俺俺臣宰每实埋怨，休休休<u>终久</u>是他亲眷。(尉迟恭三夺槊第四折)

（3）【二煞】青霄有路<u>终须</u>到，好酒无名誓不归。(好酒赵元遇上皇第三折)

十一　累加

累加类时间副词一般修饰 VP、AP 和 NumP，不能修饰 S，语义上表示动作行为、性质、状态等的累加。元代这类副词共有 5 个，此类副词都自上古或中古沿用而来，具体如下：

复、更2、又、又自、再

例如：

（1）某平生愿待<u>复</u>夺东京，近新交上表，欲起军去，不见圣旨到来。(东窗事犯楔子)

（2）【阿忽令】嗏却且尽教伴呆着休诶，请夫人<u>更</u>等三年。(闺怨佳人拜月亭第四折)

（3）【夜行船】向人鬼中间，轮回里面，<u>又</u>转生一遍。(李太白贬夜郎第四折)

（4）听从阿孙媱言，媒合与邓海通奸，<u>又自</u>与邓四通奸，背使在逃。(刑部·卷七)

（5）【天下乐】花谢了花再开，月缺了月再圆，人老何曾<u>再</u>少年。(马丹阳三度任风子第一折)

小结

元代过去类时间副词共 15 个，上古或中古出现 12 个，占同类副词总数的 80%，近代出现 3 个，占总数的 20%，此类副词沿用到现在的有 9 个：才2、曾、曾经、刚2、既、已、已经、预先、恰才，占总数的60%；现在、进行类时间副词共2个，上古或中古出现1个，近代出现1个，各占总数的50%；将来、未然类时间副词共3个，上古或中古出现2个，占同类副词总数的66.7%，近代出现1个，占总数的33.3%，此类副词沿用到现在的有2个：将1、欲，占总数的66.7%；初始类时间副词共计3个，全部来自上古或中古，此类副词沿用到现在的有2个：方、始，占总数的66.7%；短暂、突发类时间副词共计23个，上古或中古出现10个，占同类副词总数的43.5%，近代出现13个，占总数的56.5%，此类副词沿用到现在的有13个：登时、顿、顿然1、忽、忽地、忽然、即时、立、猛、猛然、随即、乍、骤，占总数的56.5%；持续类时间副词共计23个，上古或中古出现11个，占同类副词总数的47.9%，近代出现12个，占总数的52.1%，此类副词沿用到现在的有14个：常、从来、还1、仍、仍旧、尚、依然、永、永远、犹、犹自、直1、一向、依旧，占同类副词总数的60.9%；暂且类时间副词共计8个，上古或中古出现6个，占同类副词总数的75%，近代出现2个，占总数的25%，此类副词沿用到现在的有7个：聊2、聊且、且、权、暂、暂时、权且，占同类副词总数的87.5%；逐渐类时间副词共计9个，上古或中古出现6个，占同类副词总数的66.7%，近代出现3个，占总数的33.3%，此类副词只有"益"没有沿用到现在，其余全部沿用下来，占总数的88.9%；不定类时间副词共计6个，上古或中古出现3个，占同类副词总数的50%，近代出现3个，占总数的50%，此类副词沿用到现在的有5个：有时、偶、随时、偶尔2、早晚，占同类副词总数的83.3%；最终类时间副词共计5个，上古或中古出现2个，占同类副词总数的40%，近代出现3个，占总数的60%，此类副词沿用到现在的有4个：竟1、终、到底1、终须，占同类副词总数的80%；累加类时间副词共计6个，都是上古或中古出现，沿用到现在的有5个：反复、复、更2、又、再，占同类副词总数的83.3%。元代时间副词的基本概况如下表：

元代时间副词简表

词类/比率/时间	上古或中古	近代	沿用到现代	备注
过去	80%	20%	60%	
现在	50%	50%	100%	全部沿用到现代汉语中
将来	66.7%	33.3%	66.7%	
初始	100%	0	66.7%	全部来源于上古或中古，稳定性比较强
突发	43.5%	56.5%	56.5%	
持续	47.9%	52.1%	60.9%	
暂且	75%	25%	87.5%	
逐渐	66.7%	33.3%	88.9%	
不定	50%	50%	83.3%	
最终	40%	60%	80%	
累加	100%	0	83.3%	全部来源于上古或中古，稳定性比较强

通过上表我们可以看到，元代时间副词除持续类、突发类和最终类三类副词之外，从上古或中古沿用下来的都超过50%，其中，初始类和累加类副词全部来源于上古或中古。各个次类中产生于近代的所占比率普遍较低。各个词类沿用到现代的比例都超过60%，其中，现在、进行类时间副词全部沿用到现在，可见在近现代汉语时期，这些词发展还是比较稳定的。总之相比较而言，元代时间类副词稳定性内部区别比较大，但大部分沿用到现代。

第四节 情状方式副词

相对于其他副词而言，情状方式副词研究比较晚，20世纪70年代，吕叔湘提出此类词的归属问题，但是并没有指出这类词的具体归属；陆丙甫"将此类副词看作唯状形容词，将此类词归为非谓形容词"①。进入21世纪以来,大多数学者将此类词认为是副词,并从语法和语义角度进行界定和分类,张谊生认为"凡是既可以充当表示陈述义的动词的状语,又可以充当表示指称义的动词的定语的副词是描摹性副词"②,将此类词称之为描摹性副词;史金生"将此类词称为情状副词,认为其在语义方面起描摹情态方式的作用,在语法方面主要修饰一部分动词,是体现概念功能的一类副词。从语义角度可以把情状副词分为"意志、时机、同独、依照、状态、方式"6个类别。③ 唐贤清将此类副词称之为情状方式副词,并根据具体语义的不同,将《朱子语类》中的情状方式副词分为8类:"表反复,表躬亲,表交互、各自、逐一,表特意任意,表暗自、公然,表直接,表徒然,表极力"④。综合各位前辈时贤的观点,我们将此类副词称之为情状方式副词。结合元代副词的基本特点,我们认为情状方式副词是表示动作行为进行的方式、手段、状态、结果等的副词,一般只修饰VP,不能修饰AP、S和NumP。从语法功能和语义特点角度,将此类副词分为:表独自、各自、亲自;表故意、任意、无意;表相互、逐一、齐同;表暗然、公然;表极力、着急;表徒然;表直接;表复加8类。具体分析如下。

一 表独自、各自、亲自

此类副词只能修饰VP,语义上表示动作行为由自身发出,或由各自单独发出。此类副词在元代共有10个,根据产生时代分析如下:

1. 产生于上古或中古

此类副词自上古或中古沿用而来,共计7个,具体如下:

独2、独自、各、各自、各各、亲、亲自

例如:

---

① 陆丙甫:《核心推导语法》,上海教育出版社1997年版,第21页。
② 张谊生:《现代汉语副词研究》,学林出版社2000年版,第54页。
③ 史金生:《"毕竟"类副词的功能差异及语法化历程》,载吴福祥《语法化与语法研究(一)》,商务印书馆2003年版,第67页。
④ 唐贤清:《〈朱子语类〉副词研究》,湖南人民出版社2004年版,第78页。

（1）【混江龙】每日家独上龙楼上，望荆州感叹，阆州伤悲。（关张双赴西蜀梦第一折）

（2）【二煞】只愿的南京有俺亲娘，我宁可独自孤孀，怕他待抑勒我别寻个家长，那话儿便休想！（闺怨佳人拜月亭第二折）

（3）【鹊踏枝】虽生死各尽天年，要阴阳不背人情。（辅成王周公摄政第一折）

（4）【二煞】鸡虫得失何须计，鹏鷃逍遥各自知。（泰华山陈抟高卧第三折）

（5）勘责得一干人各各招证词因，数内犯人身死张狗仔状招：（刑部·卷四）

（6）【感皇恩】我亲迎问候，他躲闪藏遮。（死生交范张鸡黍第二折）

（7）【倘秀才】感陛下特怜念，旧公侯，亲自来问候。（霍光鬼谏第三折）

2. 产生于近代

这类副词产生于近代，共计 3 个，具体如下：

独自个、亲身、亲手

例如：

（1）【得胜令】天那！今日个独自个落便宜，更那堪半路里脚残疾！（岳孔目借铁拐李还魂第三折）

（2）【幺篇】乞付臣兵权，亲身征伐去呵，怎生？（辅成王周公摄政第三折）

（3）人须是，亲手画眉儿。（【越调】小桃红晓妆乔吉）

二　表故意、任意、无意

此类副词只能修饰 VP，语义上表示动作行为的发生与自我意识相关或者无关。此类副词在元代共有 20 个，根据产生时代分析如下：

1. 产生于上古或中古

此类副词自上古或中古沿用而来，共计 10 个，具体如下：

不觉、故、任意、擅自、随意、特 3、妄、辄 2、恣意、专 2

例如：

(1) 痛感伤情，<u>不觉</u>眼中泪滴滴点儿落于高祖腮上。（前汉书平话·卷中）

(2) 也是青天会对当，<u>故</u>交这尉迟恭磨障，磨障这弑君杀父的歹心肠！（尉迟恭三夺槊第一折）

(3) 【青哥儿】任百事无妨，倒大来免虑忘忧，纳被蒙头，<u>任意</u>翻身，强如您宰相侯遭断没属官象牙床，泥金兀。（严子陵垂钓七里滩第一折）

(4) 教化州判不合<u>擅自</u>离职，迤北寻马，量决二十七下，罢职外。（刑部·卷十五）

(5) 遇景逢时<u>随意</u>赏，也胜潘岳在河阳。（【南吕】骂玉郎过感皇恩采茶歌钟嗣成）

(6) 【耍孩儿】帐中偏惹情郎，<u>特</u>遣人劳心费力。（【般涉调】哨遍曾瑞）

(7) 不顺俗，不<u>妄</u>图，清高风度，任年年落花飞絮。（【中吕】上小楼任昱）

(8) 差委路吏汪子与本县一同追问，<u>辄</u>凭李尚之表弟杨菊孙作见付人，将被告贴书方惠等监禁取问，（刑部·卷十四）

(9) 问芳筵歌者何人？便折简相招，<u>恣意</u>开樽。（【双调】蟾宫曲薛昂夫）

(10) 【绵搭絮】<u>专</u>设着未说先知举意司，又差着千里眼能听呵顺风耳，那谤神道言词。（看钱奴买冤家债主第四折）

2. 产生于近代

此类副词产生于近代，共计 10 个，具体如下：

不由、故意、胡、胡乱、漫散、平白、平白里、特的、特地、特

故里

例如：

（1）【赚煞】忽地却掀帘，兜地回头问，不由我心儿里便亲。（诈妮子调风月第一折）

（2）【梁州】尽是些喧晓日茅檐燕雀，故意困盐车千里骅骝。（【南吕】一枝花蒲察善长）

（3）【满庭芳】似你这般狂心记，一番家搓揉人的样势，休胡猜人短命黑心贼！（诈妮子调风月第二折）

（4）客人们休怪，胡乱吃些。（老乞大·卷上）

（5）教它每使长每好生拘钤着，休纵放的漫散行者。（刑部·卷十）

（6）【滚绣球】你须是他娶到的妻，至如今二十春，你全无半星儿情分，平白地磣可可剪草除根。（张千替杀妻第二折）

（7）【滚绣球】嫂嫂！不争你这般呵送的我有家难奔，平白里更待要燕尔新婚。（张千替杀妻第二折）

（8）【尧民歌】歪也么歪，特的为您来，您怎么遭我在门儿外？（岳孔目借铁拐李还魂第四折）

（9）【圣药王】特地来问小姐亲事，许不许，回去。（诈妮子调风月第三折）

（10）【挂玉钩】我特故里说的别，包弹遍，不嫌些蹬弩开弓，怎说他袒臂挥拳。（闺怨佳人拜月亭第四折）

三 表相互、逐一、齐同

此类副词只能修饰 VP，表示动作行为进行的方式。此类副词在元代共有 18 个，根据产生时代分析如下：

1. 产生于上古或中古

此类副词自上古或中古沿用而来，共计 13 个，具体如下：

并、次第、递相、共同、互、互相、交相、同共、相、相与、一齐、一时、一一

例如：

(1)【耍孩儿】虽然您明圣，若不是云台上英雄并力，你独自个孤掌难鸣。(严子陵七里滩第三折)

(2)【小梁州】珠箔银屏次第开，十二瑶阶。(【正官】脱布衫盍西村)

(3) 调兵追捕，各散元住乡都，递相隐庇，无可追究。(刑部·卷三)

(4) 久后咱都如此也！咱众官员就此处买马积草，共同谋夺刘氏江山。(前汉书平话·卷上)

(5) 以近年所定赃罪条例，互有轻重，特敕中书集议，酌古准今，为十二章。(刑部·卷八)

(6)【幺】最难甘递互相抬贴，卖弄他风流酝藉。(【般涉调】哨遍曾瑞)

(7) 刑部议得：前事江浙行省既以所言甚当，准拟禁治，各衙门不肯奉此，盖是官府纪纲未立，教令不行，上下交相失职，以致如此。(刑部·卷十九)

(8) 每到月旦生辰，尽先君真容，左右画着八伯诸侯，同共行香酌酒，设奠于八伯侯前，亦如先君之前，行香设礼。(武王伐纣平话·卷上)

(9)【二煞】相逐着古道狂风走，赶定长江雪浪流。(关张双赴西蜀梦第四折)

(10) 步春溪，喜追陪，相与临流酹一杯。(【正官】双鸳鸯马彦良)

(11)【小梁州】有一日激恼的天公降祸灾，不似你这不义之财，风雹乱下一齐来，把农桑坏，冲不倒您富家宅。(看钱奴买冤家债主第二折)

(12) 众人一时扶太子为帝，号齐孝襄王，立起也。(七国春秋平话·卷中)

(13)【正官】【端正好】若是俺哥哥一一从头问，看我数说

你一会无淹润。(张千替杀妻第二折)

2. 产生于近代

此类副词产生于近代,共计 5 个,具体如下:
一并、一发、一同、逐一、逐一个
例如:

(1) 两言议定,时值价钱白银十二两,其银立契之日<u>一并</u>交足,外没欠少。(老乞大·卷下)
(2)【寄生草】正末做将文册同卜兆书<u>一发</u>放在金縢柜中了。(辅成王周公摄政第一折)
(3) <u>一同</u>与正末把酒了。(李太白贬夜郎第二折)
(4) 倘遇死损,<u>逐一</u>开坐,令官醫提领、醫学教授,一同仔细考较。(刑部·卷二)
(5) 正末依前都是<u>逐一个</u>问了。(诸葛亮博望烧屯第四折)

四 表公然、暗然

此类副词只能修饰 VP,表示动作行为的发生方式是公开或者暗自进行。此类副词在元代共有 12 个,根据产生时代分析如下:

1. 产生于上古或中古

此类副词自上古或中古沿用而来,共计 2 个,具体如下:
暗、窃
例如:

(1)【滚绣球】我也曾鞭督邮,俺哥哥诛文丑,<u>暗</u>灭了车胄,虎牢关酣战温侯。(关张双赴西蜀梦第四折)
(2) <u>窃</u>见今岁以来,匈奴人赶马雁门关前牧养。(秦并六国平话·卷上)

2. 产生于近代

此类副词产生于近代，共计 10 个，具体如下：

暗暗、暗地、暗地里、暗里、暗中、背地里、公然、密、私地下、私下

例如：

(1)【混江龙】频频加额，暗暗伤怀。（散家财天赐老生儿第一折）

(2)【红芍药】则要你吞声窨气莫嚣浮，则要你暗地埋伏。（诸葛亮博望烧屯第二折）

(3)【贺新郎】闲中解尽其中意，暗地里自恁解释，倦闲游出塞临池。（【南吕】一枝花钟嗣成）

(4)【挂金索】我则道调理风寒，谁想他暗里藏毒药。（张鼎智勘魔合罗第二折）

(5)【赚煞】恰把密旨暗中传，不想大事须臾定。（辅成王周公摄政第一折）

(6)【滚绣球】不知背地里暗传芳信。（张千替杀妻第二折）

(7)【滚绣球】排的文语呼为绣，假钞公然唤做殊，这等儿三七价明估。（【正官】端正好刘时中）

(8) 当日汉王心中疑虑，而密问子房曰："项氏已灭，韩信尚执天下兵权，其信之略，威震四海，天下无敌，吾实畏之。"（前汉书平话·卷上）

(9) 先生秀才每管民官根底私地下告，管着先生每的秀才每为头儿一同不问。（刑部·卷十五）

(10) 其狱吏等，不思犯人罪之轻重，务求财利，私下凌虐，不堪其苦。（刑部·卷二）

五　表极力、着急

此类副词只能修饰 VP，表示动作行为竭尽全力的进行和开展。此类副词在元代共有 18 个，根据产生时代分析如下：

1. 产生于上古或中古

此类副词自上古或中古沿用而来，共计 5 个，具体如下：

百端、并力、急切、尽力、苦

例如：

（1）或啜茶饮酒，故意迁延，百端凌虐，必得招而后已。（刑部·卷二）

（2）如不归降，并力征讨。（刑部·卷三）

（3）【混江龙】时遇着山梁雌雉，急切钓不的沧海鲸鳌。（萧何追韩信第一折）

（4）庐山凤髓三千号，陪酥油尽力搅。（【双调】庆东原王晔）

（5）【倘秀才】你道苦劝着不听你个媳妇，常言道坏衣饭如杀父母。（马丹阳三度任风子第二折）

2. 产生于近代

此类副词产生于近代，共计 13 个，具体如下：

百般、迭不的、好好、好生 2、极力、急慌、急慌慌、急煎煎、急忙、苦苦、苦死、连忙、硬

例如：

（1）【折桂令】百般的观觑，一划的全无市井尘俗，压尽其余。（诈妮子调风月第四折）

（2）【贺新郎】我欠起这病身躯出户争相邀，你知我迭不的相迎。（尉迟恭三夺槊第二折）

（3）【那吒令】对着众宰臣，诸卿相，咱则是好好商量。（霍光鬼谏第一折）

（4）【耍孩儿】若是都拿了，好生的将护，省可里拖磨。（关张双赴西蜀梦第三折）

（5）虽是取讫钟三因刘季三踢死李重二不行极力救劝招伏，

却不分间轻重发落，枉禁八十余日。(刑部·卷十六)

(6)【油葫芦】我但有些卧枕着床脑袋疼，他委实却也心内惊，他急慌的请医人诊了脉却笑容生。(风月紫云亭第一折)

(7)【后庭花】他急慌慌为亲爹来献香，我疼杀杀身躯无倚仗。(看钱奴买冤家债主第三折)

(8)【迎仙客】哭的那厮急煎煎抹泪揉腮，张屠笑吟吟醉里乾坤大。(小张屠焚儿救母第三折)

(9)春申君急忙奏楚幽王祸事。(秦并六国平话·卷中)

(10)【石榴花】当时不信大贤妻，他曾苦苦地劝你，你岂不自知？(东窗事犯第二折)

(11)雾迷云障，被鸨母苦死打开怨鸯。(【正宫】白练序无名氏)

(12)【隔尾】望见高车呵早大开门倒屣连忙接，闻得君命至呵早不俟驾披襟走不迭。(死生交范张鸡黍第二折)

(13)【三煞】更做你是开封府同知，却不取招平人无罪，却便硬监押，莽迭配。(风月紫云亭第二折)

六 表徒然

此类副词只能修饰 VP，表示动作行为没有达到预想的结果。此类副词在元代共有 8 个，根据产生时代分析如下：

1. 产生于上古或中古

此类副词自上古或中古沿用而来，共计 6 个，具体如下：
干、空、空自、徒、枉、枉自
例如：

(1)【黄钟尾】怎声扬，忒负屈！赵上皇你稳坐皇都，怎知这捱风雪的射粮军干受苦！(关大王单刀会第二折)

(2)【正宫】【端正好】任劬劳，空生受，死魂儿有国难投。(关张双赴西蜀梦第四折)

(3)【天下乐】不能够瓮里鳖，斗内量，那一回浮生空自忙。

（李太白贬夜郎第一折）

（4）【油葫芦】礼不通忘了管辖，道不行无了木铎。枉了那兵书战策习的玄妙，争奈俺命不济谩<u>徒</u>劳。（萧何追韩信第一折）

（5）【金盏儿】恰离朝两个月零十日，劳而无役<u>枉</u>驱驰。（关张双赴西蜀梦第一折）

（6）【梁州第七】士大夫尚风节，恰便似寸草将来撞巨钟枉<u>自</u>摧折。（死生交范张鸡黍第二折）

2. 产生于近代

这类副词产生于近代，共计2个，具体如下：

白、徒自

例如：

（1）【煞尾】我若是侍不得母，埋不得儿，我便是<u>白</u>丧了家！（晋文公火烧介子推第三折）

（2）【金菊香】早鸦灵鹊不须占，著草金钱<u>徒自</u>检，灯花喜蛛都是讹。（【商调】集贤宾无名氏）

七 表径直、只顾

此类副词只能修饰VP，表示动作行为进行的方式直接干脆。此类副词在元代共有13个，根据产生时代分析如下：

1. 产生于上古或中古

此类副词自上古或中古沿用而来，共计2个，具体如下：

径、直2

例如：

（1）是否应告词讼，以直作曲，以后为先，朦胧书写，调弄作弊，许令告人<u>径</u>赴所属官司陈告。（刑部·卷十五）

（2）【幺篇】这等人<u>直</u>化生做十二相属分，敢翻生到六道轮回罢。（看钱奴买冤家债主第一折）

2. 产生于近代

此类副词产生于近代，共计 11 个，具体如下：

的管、径直、一径、一就、一味、则管、则管里、只管、只管里、子管、子管里

例如：

（1）【驻马听】您<u>的管</u>梦回酒醒诵诗篇，俺的敢灯昏人静夸征战。(闺怨佳人拜月亭第四折)

（2）有司<u>径直</u>捉拿，苦楚勘问，逼勒招承，管僧头目，坐视不能为主，致使僧人枉屈。(刑部·卷七)

（3）【挂玉钩】微臣<u>一径</u>来奏知我主！(霍光鬼谏第四折)

（4）百般乖不如<u>一就</u>痴，十分醒争似三分醉。(【南吕】玉娇枝过四块玉无名氏)

（5）【天下乐】心术不正，何足道哉！(唱:)<u>一味</u>地立碑碣诏佞臣。(死生交范张鸡黍第一折)

（6）【感皇恩】则听得絮叨叨不住的骂寒儒，不住地推来抢去，<u>则管</u>扯拽揪摔。(好酒赵元遇上皇第二折)

（7）【圣药王】他那里泪似梭，<u>则管里</u>扯住我。(小张屠焚儿救母第二折)

（8）【迎仙客】休<u>只管</u>央及俺菩提，道不得念彼观音力。(东窗事犯第二折)

（9）【倘秀才】<u>只管里</u>问缘由，欢容儿抖擞。(关张双赴西蜀梦第四折)

（10）【上马娇】往常我冰清玉洁难亲近，是他亲<u>子管</u>交话儿亲，我煞待嗔，我便恶相闻。(诈妮子调风月第一折)

（11）【金盏儿】<u>子管里</u>开宴出红粧，咫尺想像赋《高唐》。(李太白贬夜郎第一折)

八　表重复

此类副词只能修饰 VP，表示同一个动作行为不断重复。此类副

词侧重同一动作的重复进行，而累加副词侧重的是数量的累加，既可以是同一个动作或状态，也可以不是同一个动作行为或状态。此类副词在元代共有 17 个，根据产生时代分析如下：

1. 产生于上古或中古

此类副词自上古或中古沿用而来，共计 11 个，具体如下：
常、重、重复、反复、累、累次、屡、频、频频、时时、再三
例如：

（1）【混江龙】急煎煎御手频捶飞凤椅，扑簌簌痛泪常淹衮龙衣。（关张双赴西蜀梦第一折）

（2）【雁儿落】当初喈那埚儿各间别，怎承望这答儿里重相见！（闺怨佳人拜月亭第四折）

（3）随路罪囚患病，今后莫若依旧令当月医工胗视所患是何证候，合用药饵，随时于惠民药局关领外，且不必重复支破官钱，诚为良便。（刑部·卷二）

（4）反复寻思，进退无由。（前汉书平话·卷中）

（5）所指奸夫，累问不招，（刑部·卷七）

（6）未及数年，选居上馆，动达天听，累次进职，皆不肯就。（死生交范张鸡黍楔子）

（7）于是有一墓屡迁而不已者。（刑部·卷十一）

（8）【混江龙】急煎煎御手频捶飞凤椅，扑簌簌痛泪常淹衮龙衣。（关张双赴西蜀梦第一折）

（9）【混江龙】频频加额，暗暗伤怀。（散家财天赐老生儿第一折）

（10）时时共议，欲救黎民于涂炭之中，解天子倒悬之急。（三国志平话·卷上）

（11）和泪谨封断肠词，小书生再三传示。（【双调】寿阳曲 马致远）

2. 产生于近代

这类副词产生于近代，共计 6 个，具体如下：

重新、重行、从新、将2、屡次、再四

例如：

(1)【尾声】苏子正襟坐掀髯鼓掌，洗盏重新更举觞。(【仙吕】点绛唇孙季昌)

(2) 如有违犯官吏，重行治罪，似望体圣上恤刑之本意，去酷吏肆虐之余风，天下幸甚。(刑部·卷二)

(3) 忘了祖先儿女，从新革故。(楚昭王疏者下船第三折)

(4)【元和令】为甚么嫂嫂意留连，将言又不言？(张千替杀妻第一折)

(5) 鬼谷自思：楚王屡次宣吾不去，今番太子来，必降吾罪。(七国春秋平话·卷下)

(6) 再四嗟咨，捻此吟髭，弹指歌诗。拜和靖祠双声叠韵(【双调】折桂令乔吉)

根据上述资料显示，表独自、各自、亲自副词共有 10 个，其中 7 个产生于上古或中古，占总数的 70.0%，3 个产生于近代，占总数的 30.0%，此类副词全部沿用到现在；表故意、任意、无意副词共有 20 个，其中 10 个产生于上古或中古，占总数的 50%，10 个产生于近代，占总数的 50%，此类副词沿用到现在的有 16 个：不觉、故、任意、擅自、随意、特3、妄、恣意、专2、不由、故意、胡、胡乱、漫散、平白、特地，占总数的 80%；表相互、逐一、齐同副词共有 18 个，其中 13 个产生于上古或中古，占总数的 72.2%，5 个产生于近代，占总数的 27.8%，此类副词沿用到现在的有 13 个：次第、递相、共同、互、互相、交相、一齐、一时、一一、一并、一发、一同、逐一，占总数的 72.2%；表暗然、公然副词共有 12 个，其中 2 个产生于上古或中古，占总数的 16.7%，10 个产生于近代，占总数的 83.3%。此类副词沿用到现在的有 10 个：暗暗、暗地、暗地里、暗里、暗中、背地里、公然、密、私地下、私下，占总数的 83.3%；表极力、着急副词共有 18 个，其中 5 个产生于上古或中古，占总数的 27.8%，13 个产生于近代，占总数的 72.2%。此类副词沿用到现在的有 16 个：百端、并力、急切、尽力、苦、百般、好好、好生 2、急慌、急慌慌、急煎煎、急忙、苦苦、苦死、连忙、硬，占总数的88.9%；表徒然类副词共有 8 个，其中 6 个产生于上古或中古，占总数的 72.5%，2 个产生于近代，占总数的 27.5%，此类副词沿用到现在的有 7 个：干、空、空自、徒、枉自、白、徒自，占总数的87.5%；表直接类副词共有 13 个，其中 2 个产生于上古或中古，占总数的 15.4%，11 个产生于近代，占总数的 84.6%，此类副词沿用到现在的有 4 个：径直、一径、一味、只管，占总数的 30.8%；表重复类副词共有 17 个，其中 11 个产生于上古或中古，占总数的64.7%，6 个产生于近代，占总数的 25.3%。此类副词沿用到现在的有 15 个：常、反复、累、累次、屡、频、频频、时时、再三、重、重复、重新、从新、将 2、屡次，占总数的 88.2%。情状方式副词的基本情况见下表：

情状方式副词简表

次类/比率/时间	上古或中古	近代	沿用到现代	备注
独自、各自、亲自	70.0%	30.0%	100%	全部沿用到现代汉语中
故意、任意、无意	50%	50%	80%	
相互、逐一、齐同	72.2%	27.8%	72.2%	
暗然、公然	16.7%	83.3%	83.3%	
极力、着急	27.8%	72.2%	88.9%	
徒然	72.5%	27.5%	87.5%	
直接	15.4%	84.6%	30.8%	来源于上古或中古的比例最低，来源于近代的比例最高
重复	64.7%	25.3%	88.2%	

从上表可以看出，从上古或中古继承的情状方式副词低于 50%的分别为暗然、公然类，极力、着急类，直接类三种，这三类情状方式副词稳定性都不高，其中直接类稳定性最差。情状方式副词绝大部分沿用到现在，只有表直接类的副词低于 50%，其中表独自、各自、亲

自类的副词全部沿用到现在。可见自元代到现代这段时期，副词相对比较稳定一些。但是总体来看，相对于程度副词和范围副词来说，此类副词在汉语史中稳定性比较弱。

第五节　否定副词

否定副词是从逻辑角度划分出的比较特殊的副词次类，一般用来修饰VP，不能修饰S和NumP，少数可以修饰AP。关于否定副词的归类和内部分类，一直存在不少争议，大多数学者将它列为副词的一个分类，如黎锦熙、王力、吕叔湘、胡裕树、朱德熙、杨伯峻、何乐士等，但也有不少研究者认为否定表达的是一种语气，所以将否定副词归在语气副词里，如，赵元任将否定副词放在表示肯定否定的副词里，高育花将否定副词放在语气副词里。我们认为否定副词是对事物本身或行为状态等的逻辑否定，与语气副词有着截然不同的功能和意义，所以否定副词应该单列。关于否定副词的分类，学者们的观点也不尽相同，如杨伯峻、何乐士按作用不同将其分为4类："（1）表叙述的否定，（2）表禁戒，（3）表疑问的否定，（4）表假设的否定。"[①] 唐贤清根据语义和语法功能的不同，将《朱子语类》的否定副词分为"单纯否定和禁止否定2类，其中单纯否定又分为：表叙述的否定、对已然的否定和对判断的否定"[②]。杨荣祥根据否定内容的不同分为"单纯否定、对已然的否定、对判断的否定和禁止"[③]。我们对元代副词的区分主要依据杨荣祥的观点，将元代的副词分为：单纯否定，对已然的否定，对判断的否定和禁止4类，根据产生时代分析如下。

[①] 杨伯峻，何乐士：《古汉语语法及其发展》，语文出版社2001年第二版，第32页。
[②] 唐贤清：《〈朱子语类〉副词研究》，湖南人民出版社2004年版，第45页。
[③] 杨荣祥：《近代汉语副词研究》，商务印书馆2005年版，第38页。

一 单纯否定

单纯否定副词表示对事物的行为或状态的否定，其意义和用法与现代汉语的"不"相同。元代这类副词共出现 8 个，均为上古或中古产生的，如下：

不、不必、不须、弗、靡、莫1、无、勿1

例如：

（1）官里恨<u>不</u>休，怨不休，更怕俺不知你那勤厚，为甚俺死魂儿全不相偢！（关张双赴西蜀梦第四折）

（2）【隔尾】子是个春申君<u>不必</u>头答接。（死生交范张鸡黍第二折）

（3）【金菊香】这几件我承头，你身后事<u>不须</u>忧。（死生交范张鸡黍第三折）

（4）（正末秉圭上，开:）自今上践祚，无为而治，一十五年，王<u>弗</u>幸有疾弗瘳。（辅成王周公摄政第一折）

（5）看详：僧道既处净门，理宜洁身奉教，于内却有犯奸作盗，<u>靡</u>顾廉耻，甚伤风化。（刑部·卷七）

（6）【乌夜啼】你也不言语，不答应，却不但行好事，<u>莫</u>问前程。（汉高皇濯足气英布第二折）

（7）愿天下心厮爱的夫妇永<u>无</u>分离！教俺两口儿早得团圆！（闺怨佳人拜月亭第三折）

（8）禁庭中受用处，止不过皓齿歌，细腰舞，闹吵吵<u>勿</u>知其数。（李太白贬夜郎第二折）

二 对已然的否定

对已然类否定副词是对过去已经发生过的事件或行为的否定，既可以修饰 VP，也可以修饰 AP。从语义上看，这些成分大都表示行为或状态还没有出现变化。这类副词元代有 4 个，都产生于上古或中古，如下：

不曾、未、未曾、未尝

例如：

（1）【正宫】【端正好】我想那受官厅，读书舍，谁不曾虎困龙蛰？（闺怨佳人拜月亭第三折）

（2）【乌夜啼】不识［一六］你个云雷未至的白衣相！（闺怨佳人拜月亭第二折）

（3）【油葫芦】你不见桃花未曾来腮上，可早阑珊了竹叶尊前唱。（好酒赵元遇上皇第一折）

（4）【鬼三台】他未尝离先帝玉辂车中，他须曾到文王非熊梦里。（辅成王周公摄政第三折）

三　对判断的否定

判断类否定表示对判断的否定，在元代典型的此类副词只有1个，并且在上古或中古已经产生，如下：

非

例如：

【满庭芳】若论着安邦治国非臣功效，是两班文武大小官僚。（辅成王周公摄政第二折）

四　禁止

禁止类否定副词表示对人的行为、要求或愿望的否定，有些带有强烈的祈使语气。这类副词元代有10个，如下：

1. 产生于上古或中古有3个，如下：

毋、莫2、勿2

例如：

（1）朕年少，初即位，黔首未集，效先帝巡行郡县以示强，威服海内，今晏然不巡行，即见弱，毋以臣畜天下。（秦并六国

平话·卷下)

(2)【搅筝琶】闹吵吵军兵列，上来的休遮挡莫拦截。(关大王单刀会第四折)

(3) 太子勿虑，臣替太子死去。(晋文公火烧介子推第二折)

2. 产生于近代有7个，如下：
别、不要、没、毋得、毋致、毋令、休
例如：

(1) 今后，随投下人户，但犯奸盗重罪等事，并从有司约会本管官司，一同理问定断，毋得看徇，别致违错。(刑部·卷二)

(2) 你既爱青灯黄卷，却不要随机而变。(闺怨佳人拜月亭第四折)

(3)【滚绣球】这钱没与你！(散家财天赐老生儿第二折)

(4) 重刑公事，毋得乱行申覆。(刑部·卷七)

(5) 以卑职等所见，宜从宪台取安西路正官重甘结罪文状，昼夜多方用心防禁，毋致别生事端。(刑部·卷十九)

(6) 常切关防较勘，毋令似前作弊抵换。(刑部·卷十九)

(7)【赚煞尾】你休吃酒也，恐酒后疏狂。(闺怨佳人拜月亭第二折)

小结

根据上述资料显示，单纯类否定副词共8个，都是产生于上古或中古，沿用到现在的有6个：不、不必、不免、弗、莫1、勿1，占同类副词总数的75%；对已然的否定副词共4个，都是产生于上古或中古，全部沿用到现在；判断类否定副词只有1个，产生于上古或中古，并沿用到现在；禁止类否定副词共有10个，产生于上古或中古的有3个，占同类副词总数的30%，产生于近代的有7个，占同类副词总数的70%，沿用到现在的有6个：别、不要、莫2、毋、勿2和休，占同类副词总数的60%。词表如下：

元代否定副词产生发展简表

词类/比率/时间	上古或中古	近代	沿用到现代	备注
单纯类否定副词	100%	0	75%	全部来源于上古或中古
对已然的否定副词	100%	0	100%	全部来源于上古或中古，全部沿用到现代汉语
判断类否定副词	100%	0	100%	全部来源于上古或中古，全部沿用到现代汉语
禁止类否定副词	30%	70%	60%	

从上表可以看出，除禁止类否定副词之外，其余全部由上古或中古继承而来，可见这三个次类副词在上古或中古到元代一直比较稳定。所有否定副词沿用到现在所占比例都超过50%，其中对已然的类否定副词、判断类否定副词全部沿用到现在，可见自元代以来，这些副词的稳定性都比较强。通过比较来看，对已然的否定副词、判断类否定副词是最稳定的副词，单纯类否定副词自上古或中古到元代比较稳定，但是从元代到现代稳定性比较差，禁止类否定副词上古或中古到元代最不稳定，从元代到现代稳定性也最差。总之，相对于其他副词次类而言，否定副词的稳定性还比较强。

第六节　语气副词

语气副词研究起步比较晚，20世纪80年代，王力首先提出了"语气副词"的称呼，他指出："'难道'既是常居末品的，本身也就是副词的性质，所以字典里它该是一种语气副词。"[1] 20世纪90年代，马真以意义为标准，在副词的次类中明确分出了语气副词。张谊生指出："语气副词是指表示说话者对事件、命题的主观评价和态度，在句法上可以充当高层谓语，句中语序比较灵活的副词，又称为评注性副词……从传信角度将语气副词分为断言类、释因类、推测类、总

---

[1] 王力：《中国现代语法》，商务印书馆1985重印本，第54页。

结类四类……从情态角度将语气副词分为强调与婉转、深究与比附、意外与侥幸、逆转与契合、意愿与将就等几类。"① 史金生认为"语气副词主要用于命题之外，表示说话人对于命题的主观态度，它与情态的表达有密切的关系，是体现人际功能和语篇功能的一类副词……将语气副词分为知识和义务两大类别"②。齐沪扬立足整个语气系统，指出"语气系统分为功能语气和意志语气，语气副词主要分布在可能语气和料定语气中"③。唐贤清认为："语气副词就是用在句中表示各种语气，使语言具有较强烈的感情色彩的副词……从语气角度把语气副词分为：表肯定、强调语气，表示委婉、推断语气，表疑问、反诘语气，表评价语气；表关系的语气"④；吴福祥将语气副词分为"肯定强调、委婉、测度不定、疑问、反诘、祈使六类"⑤。杨荣祥根据语气的不同，将语气副词分为"确认强调、委婉、不定推测、祈使决断、疑问反诘五类"⑥。根据前辈时贤的观点，结合元代副词的实际状况，我们认为语气副词是表达语气功能的副词，主观性和交互主观性要比其他副词强，功能上既可以修饰 VP、AP，也可以修饰 S 等，语义上主要表达语气。我们根据元代副词所表达语气的不同，将元代语气副词分为：确认强调类、委婉推断类、疑问反诘类和评价类四种，具体分析如下。

一 确认强调类

此类语气副词既可以修饰 VP、AP，也可以修饰 S，语义上表示对动作行为或事件状态和性质的肯定和强调，语气比较强烈。元代共有 55 个，根据产生时代分析如下：

1. 产生于上古或中古

此类副词自上古或中古沿用而来，共计 31 个，具体如下：

---

① 张谊生：《现代汉语副词研究》，学林出版社 2000 年版，第 143 页。
② 史金生：《语气副词的范围、类别和共现顺序》，《中国语文》2003 年第 1 期。
③ 齐沪扬：《语气副词的语用功能分析》，《语言教学与研究》2003 年第 1 期。
④ 唐贤清：《〈朱子语类〉副词研究》，湖南人民出版社 2004 年版，第 87 页。
⑤ 吴福祥：《敦煌变文 12 种语法研究》，河南大学出版社 2004 年版，第 98 页。
⑥ 杨荣祥：《近代汉语副词研究》，商务印书馆 2005 年版，第 67 页。

本、本来、必、必当、必定、必然、必须、便、并、诚、定、分明、固、果、果然、决、决定、决然、绝2、乃、偏、切、全2、全然、实、则、真、直3、自、自然、足以

例如：

（1）【仙吕】【点绛唇】咱<u>本</u>是汉国臣僚，欺负他汉君软弱，兴心闷。（关大王单刀会第一折）

（2）【混江龙】想当日曹操<u>本来</u>取咱东吴，生被那弟兄每挡住。（关大王单刀会第一折）

（3）晋文公若见，<u>必</u>宣您儿来。（晋文公火烧介子推楔子）

（4）今七日限满，我<u>必当</u>待赴法也。（武王伐纣平话·卷中）

（5）【梁州】若做个玉盆儿<u>必定</u>团圆，做个玉箫管决知音律，做个玉镜台雅称妆梳。（【南吕】一枝花张子友）

（6）陛下，这两个贼子，久后<u>必然</u>造反！（霍光鬼谏第三折）

（7）凡有重刑，<u>必须</u>奏覆，而后处决，深得古先谨审刑辟之意。（刑部·卷二）

（8）【斗虾蟆】爹爹！俺<u>便</u>似遭严腊，久盼望，久盼望你个东皇，望得些春光艳阳，东风和畅。（闺怨佳人拜月亭第二折）

（9）颇有些家私。但见弟兄每生受的，我便借与他些钱物做本，<u>并</u>不要利息。（马丹阳三度任风子第一折）

（10）遵依外，今来议得：府、州、司、县官员，既授朝命，若令各路揔管府断决，<u>诚</u>非所宜。（刑部·卷一）

（11）倘若关、张二将得知，<u>定</u>杀曹操。（三国志平话·卷中）

（12）【油葫芦】<u>分明</u>是风雨催人辞故国！（闺怨佳人拜月亭第一折）

（13）天下<u>固</u>畏齐之强也，今又倍燕地，而不行仁政，是动天下之兵也。（七国春秋平话·卷上）

（14）【鹌鹑儿】那将军划马骑、单鞭搭，论英雄<u>果</u>勇跃。（尉迟恭三夺槊第二折）

(15)【红芍药】果然这美女庆其夫！他可待似水如鱼。(好酒赵元遇上皇第二折)

(16)【金盏儿】你道三条计决难逃？(关大王单刀会第一折)

(17)【上小楼】外相儿行户小可，就里最胸襟洒落。我觑了这般势杀，不发闲病，决定风魔。(风月紫云亭第三折)

(18)【石榴花】休想道囤堂别是见光，休想凤凰杯满捧琼花酿，决然安排着巴豆砒霜。(关大王单刀会第三折)

(19)【红绣鞋】深山里绝饿杀！(晋文公火烧介子推第三折)

(20)【耍孩儿】自从祖公公昔日陷彭城，真乃是死里逃生。(严子陵七里滩第三折)

(21)【寄生草】酒添的神气能荣旺，饭装的皮袋偏肥胖，衣穿的寒暑难侵傍。(严子陵垂钓七里滩第一折)

(22)【隔尾】哎！唱话的小一，则好打您兀那把门的老嘿，切不可放过这没钱雁看的。(风月紫云亭第二折)

(23)【醉扶归】倒大个张车骑，今日被人死羊儿般剁了首级，全不见石亭驿。(关张双赴西蜀梦第一折)

(24)信创立汉朝天下，如此大功，高祖全然不想，捧毂推轮，言誓诈游云梦，教吕太后赚信在未央宫，钝剑而死。臣死冤枉，与臣做主着！(三国志平话·卷上)

(25)【梅花酒】你看我发回村，恼犯魔君，撞着丧门，我想那榆窠园实是狠。(尉迟恭三夺槊第三折)

(26)别个不中，则你去。(诈妮子调风月第一折)

(27)【红芍药】倚官强拆散俺妻夫，真乃是马牛襟裾！(好酒赵元遇上皇第二折)

(28)【后庭花】自评自论，这一交直是狠，亏折了难正本。(诈妮子调风月第一折)

(29)【菩萨梁州】风云不忆风雷信，琴鹤自有林泉分。(泰华山陈抟高卧第二折)

（30）【赚煞尾】再休寻便宜放解，再不惹官司征债，<u>自然</u>一天好事过门来。（散家财天赐老生儿第一折）

（31）【幺篇】<u>不足</u>以为天异，何劳的苦圣情。（辅成王周公摄政第一折）

2. 产生于近代
此类副词产生于近代，共计 21 个，具体如下：
畅 2、到底 2、的、端的、端实、顿然 2、敢不、果必、其实、恰便、千万、实实、是必、死活、委、委实、幸实、须索、元来、原来、真个

例如：

（1）【煞尾】杀了人官司钞分折，有锋利曹司宝贝挨，敢决断的官人贿赂买，强证的凶徒<u>畅</u>不该，代诉的家奴更叵奈。（看钱奴买冤家债主第二折）

（2）到了偏咱，<u>到底</u>亏他，不信情杂，忘了人那！（【双调】蟾宫曲卢挚）

（3）【牧羊关】这大夫好调理，<u>的</u>是诊候的强，这的十中九敢药病相当。（闺怨佳人拜月亭第二折）

（4）【滚绣球】都说你须知后汉功臣力，不及潩沱一片冰。<u>端的</u>是鬼怕神惊。（严子陵七里滩第三折）

（5）今后，但是务里委付着的务官，<u>端实</u>偷了课程，依覒官取受例，交监察御史、廉访司官问呵，怎生？（刑部·卷八）

（6）霍雄答曰："启覆招讨，若要吾邦，<u>顿然</u>不允。须用苦死交战一场，然后商议。"（秦并六国平话·卷中）

（7）【寨儿令】这<u>敢不</u>是风寒药！（张鼎智勘魔合罗第二折）

（8）【煞尾】<u>果必</u>君王赐恩厚，思念微臣国政修。（霍光鬼谏第三折）

（9）【幺篇】俺这外路打扮，<u>其实</u>没这异锦轻罗。（风月紫云亭第三折）

(10)【尧民歌】长江，经今几战场，恰便似后浪催前浪。（关大王单刀会第三折）

(11) 婆婆，我如今住庄上去计点，怕小梅分娩时分，若得个儿孩儿，千万存留了咱！（散家财天赐老生儿楔子）

(12)【乌夜啼北】闪的我看看疾重，实实病久。（【南吕】青衲袄南张氏）

(13)【幺篇】虽是这战伐，负着个天摧地塌，是必想着俺子母每早来家。（闺怨佳人拜月亭楔子）

(14) 本妇又道："我死活不根你去。"（刑部·卷四）

(15) 如是称冤，委有可疑情节，研穷磨问实情，咨来。（刑部·卷四）

(16)【圣药王】臣委实无此心，到如今说甚的。（辅成王周公摄政第三折）

(17)【乌夜啼】幸实带不得展髻紧，着不得公裳坌。（泰华山陈抟高卧第二折）

(18)【滚绣球】妻呵！非是你贤，你须索听我言。（岳孔目借铁拐李还魂第二折）

(19)【倘秀才】往常真户尉见咱当胸叉手，今日见纸判官趋前退后，元来这做鬼的比阳人不自由！（关张双赴西蜀梦第四折）

(20)【刮地风】我则道十分紧闭着，却原来不插拴牢。（张鼎智勘魔合罗第二折）

(21)【碧玉箫】我想这等人，真个不孝顺。（散家财老生儿第四折）

二 委婉推测类

这类副词一般都可以修饰 VP、AP、S，少数还能修饰 NumP，语义上表示对动作和事件的性质、状态或数量等的推测，语气委婉。元代共有 23 个，根据产生时代分析如下：

1. 产生于上古或中古

此类副词自上古或中古沿用而来，共计 12 个，具体如下：

大抵、大概、大略、仿佛、几乎、怕、庶、庶几、未必、未免、约、则怕

例如：

（1）忽有秦宗室奏曰：天下人来诸侯事秦者，<u>大抵</u>为其主。但一切人皆不可与之近。（秦并六国平话·卷下）

（2）<u>大概</u>人的孩儿，从小来，好教道的成人时，官人前面行着。（老乞大·卷下）

（3）四年其间，内外察知底钞，<u>大略</u>底有一十七万定。（刑部·卷十）

（4）琉璃瓦密砌龙鳞，<u>仿佛</u>直高侵碧汉。（秦并六国平话·卷下）

（5）【那吒令】船头上把鲁大夫，险<u>几乎</u>间唬倒。（关大王单刀会第一折）

（6）【金盏儿】您昆仲各东西，俺子母两分离，<u>怕</u>哥哥不嫌相辱呵权为个妹。（闺怨佳人拜月亭第一折）

（7）自细看文卷，披详词理，察言观色，<u>庶</u>得其情。（刑部·卷二）

（8）<u>庶几</u>人各爱其身，不以轻生陷人为利。（刑部·卷四）

（9）臣启陛下，我王好奢华，荒酒色，峻宇雕墙，有一于此，<u>未必</u>不为败国之本。（武王伐纣平话·卷上）

（10）燕王等候景丹取太子首级，半日不来，<u>未免</u>再催孙虎去讨燕丹首级。（秦并六国平话·卷中）

（11）我先番北京来时，你这店西<u>约</u>二十里来地，有一座桥塌了来，如今修起了不曾？（老乞大·卷上）

（12）【倘秀才】这里是竞性命的沙场地面，且讲不得君臣体面，<u>则怕</u>犯风流见罪愆。（尉迟恭三夺槊第四折）

2. 产生于近代

这类副词产生于近代，共计 11 个，具体如下：

大刚来、大刚是、多2、多敢、多管、多应、多则、敢是、敢则、怕不、想必

例如：

（1）这的是鹃鹏斥晏鸟非相抗，<u>大刚来</u>各自徜徉：一个趁草莱一生跳荡，一个驾天风万里翱翔。（死生交范张鸡黍第四折）

（2）【赚煞尾】为缘何夭桃三月奋发，篱菊九秋开罢，<u>大刚是</u>乾坤不放一时花。（看钱奴买冤家债主第一折）

（3）【黄钟尾】您哥哥暑湿风寒纵较些，<u>多</u>被那烦恼愁上送了也！（闺怨佳人拜月亭第三折）

（4）【梁州第七】见三四金鞍马拴在老桑树，<u>多敢</u>是国戚皇族。（好酒赵元遇上皇第二折）

（5）【搅筝琶】干把那蝶梦惊回，<u>多管</u>胡芦蹄害痒。（泰华山陈抟高卧第四折）

（6）【喜迁莺】<u>多应</u>敢会兵书，没半霎儿，嗦，出马来熬翻楚霸主。（汉高皇濯足气英布第四折）

（7）约黄昏月圆人在，何处闻灯不看来，<u>多则</u>为盟山誓海。（【双调】沉醉东风无名氏）

（8）嫌人问，对镜羞，睡来休，<u>敢是</u>些相思证候。（【商调】梧叶儿无名氏）

（9）好教人暗想张君瑞，<u>敢则</u>是爱月夜眠迟。（【双调】大德歌关汉卿）

（10）【仙吕】【点绛唇】<u>怕不</u>都立在舜殿尧阶，一个个将古圣风俗坏！（晋文公火烧介子推第一折）

（11）【二煞】太子呵！<u>想必</u>那春申君抬举你。（晋文公火烧介子推第三折）

三 疑问反诘类

此类副词一般可以修饰VP，少数还能修饰S，语义上表示疑问或反问语气，元代共有18个，根据产生时代分析如下：

1. 产生于上古或中古

这类副词自上古或中古沿用而来,共计 9 个,具体如下:
何必、何不、何曾、何苦、何须、可、莫3、未不、岂

(1) 一瓢贫,千钟富,是天生分定,何必枉图?(【中吕】普天乐滕斌)

(2) 纣王曰:"寡人何不也去玉女观?"(武王伐纣平话·卷上)

(3) 【天下乐】花谢了花再开,月缺了月再圆,人老何曾再少年。(马丹阳三度任风子第一折)

(4) 万木争荣,各逞娇红嫩紫。呈浓淡,斗妍萤。为谁开?为谁落?何苦孜孜?吾来问:汝有私?(【正宫】月照庭商□)

(5) 【赚煞】出世圣人生,天下恶乎定。何须把这山野陈抟拜请。(泰华山陈抟高卧第一折)

(6) 【搅筝琶】我凝眸罢,心内顽麻。可知曲江头三次遗鞭,我粉墙外几乎坠马。(【双调】新水令乔吉)

(7) 【隔尾】莫是燃犀温峤江心里走?莫是鼓瑟湘灵水面上游?(陈季卿悟道竹叶舟第三折)

(8) 【梧叶儿】料是前生罪,今世里当,未不烧了断头香?(看钱奴买冤家债主第三折)

(9) 【鸳鸯煞】尽教他统镘的姨夫喊,岂无晓事相知鉴。(【双调】夜行船马致远)

2. 产生于近代

这类副词产生于近代,共计 9 个,具体如下:
几曾、那曾、难道、莫不、莫不是、莫非、怕不待、岂止、早难道

例如:

(1)【黄钟尾】几曾见递流南浦人千里?怎饮这配役阳关酒

一杯？（风月紫云亭第二折）

（2）【甜水令】案举齐眉，带绾同心，钗留结发，<u>那曾</u>有一点儿亵狎。（【双调】新水令童童学士）

（3）【耍孩儿】俺娘<u>难道</u>那风云气少，您爷却甚末儿女情多！（风月紫云亭第三折）

（4）【醉扶归】哥哥，你有此心，<u>莫不</u>错寻思了末？（闺怨佳人拜月亭第一折）

（5）【朱履曲】<u>莫不</u>是郊外去逢着甚邪祟？又不风又不呆痴，面没罗、呆答孩、死堆灰。（诈妮子调风月第三折）

（6）皇叔说："太尉<u>莫非</u>贤人也？"（三国志平话·卷下）

（7）【天下乐】<u>怕不待</u>时的杀个猪，勤勤的宰个羊，觅几文邓通钱半我娘侍养。（小张屠焚儿救母第一折）

（8）【十二月】<u>岂止</u>这模样儿俊俏，则那些举止儿忒谦和。（风月紫云亭第三折）

（9）【折桂令】<u>早难道</u>宰相王侯，倒不如李四张三。（好酒赵元遇上皇第四折）

四 评价类

这类副词一般可以修饰 VP，语义上表示说话人对说话内容的情感评价，如祈使、感叹、侥幸等，感情强烈。元代共有 23 个，根据产生时代分析如下：

1. 产生于上古或中古

此类副词自上古或中古沿用而来，共计 8 个，具体如下：

反、竟2、亏、恰2、却、幸、幸而、正2

例如：

（1）则为忒慈仁，<u>反</u>被相欺侮。（【正宫】端正好刘时中）

（2）积粟成尘<u>竟</u>不开，谁知拒谏剖贤才。（武王伐纣平话·卷中）

（3）驾问大臣："此花园<u>亏</u>王莽之修？"（三国志平话·

卷上）

（4）【金盏儿】烹鸡万味美，炊黍恰尝新，我做了急喉咙陈仲子，你便是大肚量孟尝君。(死生交范张鸡黍第一折)

（5）【混江龙】我勾栏里把戏得四五回铁骑，到家来却有六七场刀兵。(风月紫云亭第一折)

（6）【碧玉箫】幸有几杯，且不如花前醉。(【双调】乔牌儿关汉卿)

（7）幸而获免，复为民害，致蒙上司遣使，分道审录。(刑部·卷二)

（8）【鲍老三台滚】乍别来肌如削，早是我多病多愁，正值着困人的天气。(【中吕】古调石榴花关汉卿)

2. 产生于近代

此类副词产生于近代，共计15个，具体如下：

不想、畅道、畅好、倒、颠倒、多亏、怪、怪不得、怪道、还2、亏杀、恰好、生、幸然、早是

例如：

（1）【菩萨梁州】不想二百长钱买了命卒！(好酒赵元遇上皇第二折)

（2）【鸳鸯煞】畅道禄重官高，衡是祸害，凤阁龙楼，包着成败。(严子陵七里滩第四折)

（3）【鲍老儿】你畅好会使拖刀计，漾个瓦儿在空虚里怎住的，嗏！到底须索着田地。(张鼎智勘魔合罗第四折)

（4）贫道绝名利，无罣辱，倒亦快活！(关大王单刀会第二折)

（5）【紫花儿序】望人急偎亲，颠倒火上浇油。(楚昭王疏者下船第二折)

（6）早起晚息，多亏张千这个兄弟。(岳孔目借铁拐李还魂第一折)

（7）【元和令】怪几日前长星落大如斗，流光射夜如昼，元来是丧贤人地惨共天愁。(死生交范张鸡黍第三折)

（8）怪不得活计萧疏，可知道音信全无。(【双调】新水令 汤舜民)

（9）怪道今日早起喜鹊儿噪，又有喷嚏来，果然有亲眷来，又有书信，却不道"家书直万金"。(老乞大·卷上)

（10）汉家公卿笑子陵，子陵还笑汉公卿。(严子陵垂钓七里滩第三折)

（11）【太平令】亏杀李能哥哥送来！(小张屠焚儿救母第四折)

（12）【梁州第七】我三个恰好沧波老树为知友，食楚江萍胜似粱肉。(陈季卿悟道竹叶舟第三折)

（13）【庆东原】有意道说孙、刘，生被你搬的如吴、越。(关大王单刀会第四折)

（14）【寄生草】幸然天无祸，是咱这人自招，全不肯施仁发政行王道。(关大王单刀会第一折)

（15）【越调】【斗鹌鹑】早是状貌威严，可更精神抖擞。(楚昭王疏者下船第二折)

根据上述资料显示，确认强调类副词共有53个，其中31个产生于上古或中古，占总数的58.5%，22个产生于近代，占总数的49.1%，此类副词沿用到现在的共有26个：本、本来、必、必当、必定、必然、必须、定、分明、果然、决、决定、决然、偏、切、全然、实、真、自然、足以、到底2、其实、千万、死活、委实、原来，占总数的50.9%；委婉推测类副词共有23个，其中12个产生于上古或中古，占总数的56.1%，11个产生于近代，占总数的43.9%，此类副词沿用到现在的共有14个：大抵、大概、大略、仿佛、几乎、怕、未必、未免、想、约、多2、敢是、怕不、想必，占总数的60.8%；疑问、反诘类副词共有18个，其中9个产生于上古或中古，占总数的50%，9个产生于近代，占总数的50%，此类副词沿用到现在的共有 12 个：何必、何不、何曾、何苦、何须、岂、几曾、莫不、莫不是、莫非、难道、岂止，占总数的 66.7%；评价类副词共有 23 个，其中 8 个产生于上古或中古，占总数的 34.7%，15 个产生于近代，占总数的 65.3%，此类副词沿用到现在的共有 14 个：反、竟2、亏、恰2、却、幸而、正2、不想、倒、多亏、怪不得、还2、恰好、生，占总数的 60.9%。元代语气副词的发展概况如下：

元代语气副词简表

词类/比率/时代	上古或中古	近代	沿用到现代	备注
确认强调	58.5%	41.5%	49.1%	
委婉推测	56.1%	43.9%	60.8%	
疑问、反诘	50%	50%	66.7%	沿用到现代的比例最高
评价	34.7%	65.3%	60.9%	来源于上古或中古的比例最低

通过上表可以看出，自上古或中古继承而来的副词在此类副词中所占比重并不多，确认强调类的副词最高，接近 60%，评价类副词只占到了 34.7%，也就是说这类副词在上古或中古到近代汉语这段时间是比较活跃的，出现了很大的变化。但是除确认强调类副词之外，这类副词沿用到现在的比例都超过了 50%，可见在近代汉语到现代汉语时期还是相对稳定的。总之，相对于副词的其他次类而言，语气副词稳定性最差，创新性最高。

第三章

元代副词使用概况

　　元代副词是近代汉语副词的重要组成部分，在近代汉语副词发展中占有重要地位。本章将对元代副词在近代汉语中的使用状况进行研究，勾勒元代副词在近代汉语中的使用分布图。为了更好地了解元代副词的实际状况，我们将元代副词在近代汉语各个时期的同类词中的使用比率进行比较，探究元代副词在各个时期的发展变化。由于时间和精力的原因，我们只选取近代汉语各时期具有典型代表性的口语作品，唐代以《敦煌变文集》为代表，宋代以《朱子语类》为代表，明代以《金瓶梅》为代表。

　　常用词研究具有重要的意义，蒋绍愚认为："常用词是词汇的主体，如果不弄清常用词在近代汉语时期的发展变化，那么要描写一个时期的词汇系统和近代汉语词汇发展史，都是无从谈起的。"[1] 张永言、汪维辉也认为："不对常用词作史的研究，就无从窥见一个时期的词汇面貌，也无从阐明不同时期之间词汇的发展变化，无从为词汇史分期提供科学的依据。"[2] 但是目前对于什么是常用词，学界一直存在争议。符淮青认为："常用词就是当代社会中最常用的词……常用词的确定，完全根据词在最流行的书刊上运用的频率。"[3] 王云路认为："常用词研究工作中用量化的方式，根据其出现频率制定合适的收录标准，也许是可以考虑的一种尺度。"[4] 李宗江认为：常用词

---

[1] 蒋绍愚：《古汉语词汇纲要》，商务印书馆2005年版，第1页。
[2] 张永言、汪维辉：《关于汉语史词汇研究的一点思考》，《中国语文》1995年第6期。
[3] 符淮青：《现代汉语词汇》，北京大学出版社1985年版，第163页。
[4] 王云路：《中古常用词研究漫谈》，上海教育出版社2000年版，第98页。

"首先是作为训诂学研究对象的疑难词语的对立面提出来的。这个概念的第二个方面含义是指针对研究词汇演变有重要价值,具体说是指那些代表词汇核心而其发展变化可以决定词汇发展面貌的词"①。汪维辉认为:"首先'常用词'是跟疑难词语相对待的一个概念。其次……我们所说的常用词,主要是指那些自古以来在人们的日常生活中都会经常用到的,跟人类活动关系密切的词。"② 结合前辈的观点,同时根据我们研究对象的特点,我们认为,元代常用副词完全可以以使用频率为依据,毕竟副词是一种半实半虚的词,与人们的生活并非密切相关。我们认为常用词根据使用频率的高低,分为常用词、次常用词。结合元代副词的实际使用状况,我们将标准定为:10%和5%,即使用率超过10%的为常用词,使用率在5%到10%之间的为次常用词。

本章将对元代副词在近代汉语中的实际使用状况进行调查,找出各类副词中的常用词和次常用词,并探究元代副词在近代汉语中的发展概况。本章主要探讨元代副词在近代汉语中的使用状况,因此对来源于上古或中古的副词的具体起源时代等不再进行分析。

本章首先对唐代《变文》、宋代《语类》、明代《金瓶梅》中的各种副词进行搜集整理,统计每个副词的使用数量,然后统计每个副词的在所属次类使用总量中所占的比例。本章主要考察元代副词在这些文献中的使用情况,所以对于那些没有在元代文献中出现的副词,我们没有在表中列出,也就是我们在表中只列出了在元代文献中出现的副词,元代文献没有的副词,我们不会列出,因此在以下很多表格中某个词的使用比率总计不到100%。例如,《变文》中的最高度副词为:非常(49)、非甚(3)、极(64)、绝(4)、最(89)、最最(1)、甚(91)、甚生(3)、深(36)、太(2)、好(5)、煞(9)、尽(9),这些词在《变文》中使用比率为:非常(13.4%)、非甚(0.8%)、极(17.5%)、绝(1.1%)、最(24.4%)、最最(0.3%)、甚(24.9%)、

---

① 李宗江:《汉语常用词演变研究》,汉语大词典出版社1999年版,第2页。
② 汪维辉:《〈汉语100基本词简史〉的若干问题》,汉语词汇学首届国际学术讨论会暨第五届全国研讨会,2004年4月。

甚生（0.8%）、深（9.9%）、太（0.5%）、好（1.4%）、煞（2.5%）、尽（2.5%）。因为考察元代副词的使用状况，所以我们列出那些与元代重合的副词，所以在最高度程度副词的表格中，唐代最高度程度副词的使用比率总量不足100%。其余宋、明时代的情况也是如此。至于其他时代的副词以及副词使用数量和使用比率因为不是本书的重点，所以不再说明。

第一节　程度副词

程度副词分为最高度、次高度和轻微度三种，三种副词在近代汉语中的具体发展情况如下。

一　最高度

元代表示最高度的程度副词共计23个，具体如下：

畅1（54）[①]、倒大（15）、倒大来（37）、多1（53）、多少（149）、分外（25）、好（42）、好不（7）、好生1（12）、很（19）、极（79）、绝1（48）、良（23）、颇（47）、煞（368）、深（12）、甚（72）、十分（87）、太（15）、特1（36）、忒（113）、至（154）、最（193）

这些副词在近代汉语中的使用状况如下表[②]

词/比率/时代	唐	宋	元	明	备注
畅1	—	—	3.1%	0	
倒大	—	0	0.9%	0	
倒大来	—	—	2.1%	0	
多1	0	—	2.4%	0	

[①]　（　）里面的数字表示这个词在元代文献中出现的数量
[②]　"—"表示该词在这个时代还没出现，"0"指该词在该时代的典型文献中没出现。

续表

词/比率/时代	唐	宋	元	明	备注
多少	0	0.3%	8.5%	1.1%	
分外	0	0.2%	1.4%	0.2%	
好	1.4%	0	2.4%	0	
好不	—	0	4.1%	8.5%	
好生1	—	—	0.6%	0.6%	
很	—	—	1.1%	0.1%	
极	17.5%	17.5%	4.5%	4.6%	
绝1	1.1%	1.3%	2.7%	1.1%	
良	0	0.8%	1.3%	8.8%	
颇	0	1.1%	2.7%	14.2%	
煞	2.5%	3.7%	22.7%	0	
深	9.9%	0	0.6%	0	
甚	24.9%	31.8%	4.1%	12.9%	
十分	—	1.4%	5.0%	6.2%	
太	0.5%	5.0%	0.9%	2.1%	
特1	0	0.3%	2.1%	0	
忒	2.5%	0.1%	6.4%	2.9%	
至	0	8.8%	8.8%	0	
最	24.4%	10.8%	11%	4.1%	

"多少、分外、极、绝1、良、颇、深、甚、太、特1、至、最"产生于上古或中古，"畅1、倒大、倒大来、多1、好、好不、好生1、很、煞、十分、忒"产生于近代。"多少"在唐代使用比率极低，以至于《变文》中没有出现，该词在宋、明时期使用比率一直很低，都不足2%，该词在元代使用比率略高，达到8.5%，属于同类词的次常用成员，可见该词在近代汉语时期使用比率不稳定；"分外"在唐代使用比率极低，以至于《变文》中没有出现，该词在宋、元、明时期使用比率一直很低，都不足2%，可见该词在近代汉语时期使用比率一直很低；"极"在唐宋时期使用比率接近20%，是当时同类词中的常用成员，但该词在元明时期使用比率都低于5%，使用比率明显下

降,可见该词在近代汉语时期使用比率不稳定;"绝1"在近代汉语中使用比率一直变化不大,使用比率一直比较低,都在2%左右;"良"在唐代使用比率极低,以至于《变文》中没有出现,该词在宋元时期使用比率一直很低,不足2%,该词在明代使用比率达到8.8%,属于同类词中的次常用成员,可见该词在近代汉语中使用比率并不稳定;"颇"在唐代使用比率极低,以至于《变文》中没有出现,该词在宋元时期使用比率一直很低,不足3%,该词在明代使用比率达到14.2%,属于同类词中的常用成员;"深"在近代汉语中使用比率变化比较大,唐代使用比率接近10%,属于同类词中的次常用成员,但是唐代以后使用比率一直比较低,都不足1%;"甚"在唐、宋、明三个时期所占比率都很高,宋代超过30%,是当时同类词中最常用的成员,但是该词在元代使用比率还不足5%,使用比率比较低,可见该词在近代汉语中使用比率不稳定;"太"在近代汉语中使用比率一直不高,尤其是明代,使用比率极低,以至于《金》中没有出现,宋代使用比率高一些,但是也只有5%,属于同类词中的次常用成员;"特1"在唐明时期使用比率极低,以至于《变文》和《金》中没有出现,相对而言,该词在元代使用比率比较高,但是也不足3%,可见该词在近代汉语中使用比率也一直很低;"至"在唐明时期使用比率极低,以至于《变文》和《金》中没有出现,在宋元时期使用比率高于5%,属于同类词中的次常用成员,可见该词在近代汉语中使用比率不稳定;"最"在唐宋元三个时期使用比率一直高于10%,其中唐代使用比率为24.4%,可以看作当时同类词中的常用成员,但是这个词在明代使用比率则不足5%,可见该词在近代汉语中使用比率也不稳定。"畅1"至迟出现在元代,在元明时期使用比率一直很低,尤其是在明代使用比率极低,以至于在《金》中没有出现,可见该词在近代汉语中使用比率一直很低;"倒大"至迟产生于宋代,如赵必璩《贺新郎·寿陈新渌》词:"户外红尘飞不到,受人间倒大清闲福。"但宋、明时期使用比率极低,以至于《语类》、《金》中没有出现,该词在元代使用比率不足1%,可见,该词在近代汉语中使用比率一直很低;"多1"至迟出现在元代,也只用于元代的感叹句中，并且使用比率很低；"倒大来、多 1"至迟出现在元代，在元代使用比率都不足 4%，该词在明代使用比率更低，以至于《金》中没有出现，可见，该词在近代汉语中使用比率一直很低；"好"至迟出现在唐代，如：《敦煌变文》："如今况在前生福，好似相将暂结缘，必若有人延得命，与王齐寿百千年。"相对而言，该词在元代使用比率稍微高，但是也不足 3%，该词在宋、明时期使用比率极低，以至于《语类》《金》中没有出现，可见，该词在近代汉语中使用比率一直很低；"好不"至迟出现于宋代，如：《京本通俗小说·志诚张主管》"小夫人自思量：我怎地一个人，许多房奁，却嫁一个白发老儿，好不生烦恼！"但是《语类》中没有出现，该词在元代使用比率上升为 4.1%，该词在明代使用比率上升到 8.5%，属于同类词中的次常用成员，可见该词在近代汉语使用比率一直不稳定；"好生 1"至迟出现在元代，使用于元明时期，使用比率都低于 1%，可见在近代汉语中使用比率一直很低；"很"至迟产生于元代，元明时期，使用比率一直不足 2%，可见在近代汉语中使用比率一直很低，但是该词在现代汉语中使用比率比较高；"煞"至迟出现在唐代，如卢延让《八月十六夜月》诗："桂老犹全在，蟾深未煞忙。"唐宋明时期使用比率一直低于 5%，尤其是明代，使用比率最低，以至于《金》中没有出现，但是元代时期使用比率超过 20%，是同类词中的常用成员，可见该词在近代汉语中使用比率很不稳定；"十分"至迟出现在宋代，如苏轼《橄榄》诗："待得微甘回齿颊，已输崖蜜十分甜。"该词在近代汉语中使用比率呈现上升趋势，元明时期使用比率超过 5%，成为同类词中的次常用成员；"忒"至迟出现在宋代，如：黄庭坚《归田乐引》："看承幸厮勾，又是樽前眉峰皱。是人惊怪，冤我忒捆就。"该词在近代汉语中使用比率一直很低，只有元代使用比率超过 5%，属于同类词中的次常用成员。

总之，通过上表可以看出，唐代，常用的最高程度副词是：最、甚、极；宋代常用的最高程度副词是：甚、极、最；元代，常用的最高程度副词是：煞、最；明代，常用的最高程度副词是：颇、甚。可见在近代汉语中一直处在常用成员中的最高程度副词为"甚"，这与现代汉语相差比较大。

二 次高度

次高度程度副词有 5 个，具体如下：

更1（507）、更加（4）、较（56）、尤（63）、越（118）

这些副词在近代汉语中的使用比率变化如下：

词/比率/时代	唐	宋	元	明	备注
更1	64.4%	36.4%	70.0%	24.4%	
更加	3.8%	0.2%	0.5%	0	
较	1.5%	19.7%	6.7%	4.0%	
尤	0	9.2%	9.2%	10.2%	
越	—	4.0%	14.2%	23.8%	

元代副词中"更1、更加、尤"产生于上古或中古，"较、越"产生于近代。"更"在近代汉语中使用比率一直很高，是同类副词中的最常用成员；"更加"在近代汉语中使用比率则一直不高，该词在明代使用比率最低，以至于《金》中没有出现，相对而言，该词在唐代使用比率稍高，但是也低于5%。"尤"在宋元明时期使用比率变化不是很大，都在10%左右，其中明代最高，超过10%，属于同类副词中的常用成员，宋元时期属于次常用成员，但是唐代使用比率极低，以至于《变文》中没有出现；"较"至迟出现在唐代，如：杜甫《人日》诗之一："冰雪莺难至，春寒花较迟。"该词在近代汉语中使用比率很不稳定，在宋代接近20%，是同类词中的常用成员，在元代超过5%，属于同类词中的次常用成员，但是在唐和明两个时期，使用比率都比较低，尤其是在唐代，使用比率最低；"越"至迟出现在宋代，如：辛弃疾《浣溪沙·赠子文侍人名笑笑》："歌欲颦时还浅笑，醉逢笑处却轻颦，宜颦宜笑越精神。"该词在近代汉语中使用比率呈现上升趋势，在元明时期都超过10%，在明代达到最高，超过20%，属于同类词中的常用成员。

从上表可以看出，唐代，常用的次高程度副词是：更1；宋代，常用的次高程度副词是：更1、较；元代，常用的次高程度副词是：更1、越；明代，常用的次高程度副词是：更1、越、尤；"更1"在近代汉语中一直是同类词中的常用成员，"越"自宋代产生以来，使用比例越来越高。

三　轻微度

此类词共出现5个，

聊1（12）、略（119）、稍1（18）、少（35）、微（227）

这些副词在近代汉语中的使用比率变化如下：

词/比率/时代	唐	宋	元	明	备注
聊1	0	0	4.5%	10.3%	
略	9.5%	32.1%	28.5%	53.8%	
稍1	7.1%	23.6%	4.3%	15.4%	
少	7.1%	10.1%	8.4%	16.7%	
微	6.0%	22.8%	54.3%	0	

"聊1、略、稍1、少、微"都产生于上古或中古。"聊1"虽然在上古或中古已经产生，但是在唐宋时期使用并不多，在元代使用比率也低于5%，只在明代使用比率才超过10%，属于同类词中的常用成员；"略"在宋元明时期使用比率一直高于20%，其中宋明时期比率都高于30%，是宋、元、明时期同类词中的常用成员，只是在唐代，使用比率为9.5%，属于同类词中的次常用成员；"稍1"在宋、明时期使用比率一直高于10%，是同类词中的常用成员，在唐代使用比率为7.1%，是同类词中次常用成员，在元代使用比率最低，仅为4.3%，可见该词在近代汉语中使用比率一直不稳定；"少"在宋、明时期使用比率一直高于10%，是同类词中的常用成员，唐、元时期使用比率也都高于5%，是同类词中次常用成员，可见该词在近代汉语中使用比率还比较高；"微"在近代汉语中使用比率一直不稳定，在宋元时期使用比率一直高于20%，其中元代比率超过50%，是同类词中最常用的成员，唐代使用比率为6.0%，属于同类词中的次常用成

员,但是在明代使用比率却很低,以至于《金》中没有出现,可见该词在近代汉语中使用比率很不稳定。

总之,从表可以看出,宋代常用的轻微度程度副词为:略、稍1、微;元代常用的轻微度程度副词为:略、微;明代常用的轻微度程度副词为:略、少、稍1、聊;"略"在近代汉语中一直处在最常用的成员行列。

第二节 范围副词

范围副词包括总括副词、限定副词、统计副词和类同副词4个次类,4类副词在近代汉语中的具体发展情况如下。

一 总括副词

元代总括副词共计20个,具体如下:

都(1683)、都则(10)、各皆(1)、浑(43)、兼(15)、皆(600)、尽(453)、尽都(7)、尽皆(41)、尽数(12)、尽形(13)、举(223)、俱(154)、俱各(20)、全1(248)、无非(3)、悉(22)、一概(3)、总(62)、咸(26)

这些副词在近代汉语中的使用状况如下表:

词/比率/时代	唐	宋	元	明	备注
都	5.7%	23.5%	46.2%	71.1%	
都则	—	—	0.3%	0.1%	
各皆	—	—	0.1%	0	
浑	0	0.2%	1.2%	1.1%	
兼	0	0	0.4%	0	
皆	6.9%	54.7%	16.5%	6.9%	
尽	6.9%	5.9%	12.5%	20.8%	
尽都	—	—	0.2%	0.1%	
尽皆	—	0.1%	1.1%	0.2%	

续表

词/比率/时代	唐	宋	元	明	备注
尽数	—	0	0.3%	0.1%	
尽形	0.7%	0	0.4%	0.3%	
举	0	0	6.1%	0	
俱	4.9%	0.8%	4.2%	6.0%	
俱各	0	0	0.5%	0.1%	
全1	8.7%	7.7%	6.8%	0.7%	
无非	1.2%	0	0.1%	1.3%	
悉	0.8%	0.5%	0.6%	2.3%	
一概	0.2%	0.1%	0.1%	0.1%	
总	23.4%	1.0%	1.7%	0.9%	
咸	14.0%	0.6%	0.7%	0.2%	

"都、浑、兼、皆、尽、尽皆、举、俱、全1、无非、悉、总、咸"产生于上古或中古，"都则、各皆、尽都、尽数、尽形、俱各、一概"产生于近代。"都"在近代汉语中一直呈上升趋势，明代达到最高，超过70%，是当时同类词中最常用的成员，该词在宋元时期比率超过20%，也是常用成员之一，该词在唐代比率为5.7%，是次常用成员，可见，该词在近代汉语中使用比率并不稳定；"浑"在近代汉语中使用比率一直很低，都不超过2%，该词在唐代使用比率最低，以至于《变文》中没有出现；"兼"虽然在上古或中古已经产生，但是在近代汉语中使用比率极低，相对而言元代比率略高，但也不足1%，该词在唐、宋、元时期使用比率极低，以至于在《变文》《语类》《金》中没有出现；"皆"在近代汉语中使用比率一直不稳定，宋元时期比率超过10%，尤其是宋代，比率超过50%，是当时同类词中最常用的成员，元代使用比率则略低，但是仍然是同类词中的常用成员，唐明时期，使用比率则都相对较低，仅仅为6.9%，是同类词中的次常用成员；"尽"在近代汉语中使用比率也不是很稳定，在元明时期使用比率超过10%，在同类词中是常用成员，尤其在明代，比率超过20%，是当时同类词中最常用的成员，唐宋时期比率相对较

低，但也超过5%，是同类词中比较常用的成员；"尽皆"在近代汉语中使用比率一直很低，相对而言，元代地位略高，但也不足2%，该词在唐代使用比率最低，以至于《变文》中没有出现；"举"在近代汉语中使用比率一直不高，在唐宋明时期使用比率一直极低，以至于《变文》《语类》《金》中没有出现，该词只在元代比率超过5%，是同类词中比较常用的成员；"俱"在近代汉语中使用比率一直不高，只有明代使用比率超过5%，属于同类词中的次常用成员；"全1"在近代汉语中使用比率呈下降趋势，唐代比率最高，明代比率最低，不足1%，唐宋元时期一直算同类词中的次常用成员，可见该词在近代汉语中使用比率不稳定；"无非"在近代汉语中使用比率一直很低，都不足2%，相对而言宋使用比率最低，以至于《语类》中没有出现；"悉"近代汉语中使用比率一直很低，相对而言明代使用比率较高，但是也不超过5%；"总"在近代汉语中使用比率一直不稳定，只在唐代使用比率超过20%，是同类词中的常用成员，其余时代都很低；"咸"的情况与"总"相同；"都则"至迟出现在元代，在元明时期使用率一直很低，不足1%；"各皆"至迟出现在元代，元代使用比率不足1%，该词在明代使用比率极低，以至于《金》中没有出现；"尽都"、"俱各"都是至迟出现在元代，在元明时期使用率一直很低，都不足1%；"尽数"至迟出现在宋代，如：《京本通俗小说·错斩崔宁》："却去房中将十五贯钱尽数取了。"该词在元明时期使用比率一直很低，不足1%；"尽形"至迟出现在唐代，如：《敦煌变文》："更向诸馀菩萨道，尽形供养唱将来。"该词在唐元明时期使用比率一直很低，不足1%，该词在宋代使用比率最低，以至于在《语类》中没有出现，可见，该词在近代汉语中使用比率一直很低；"一概"也至迟出现在唐代，如：《敦煌变文》："有千斛，肉乃万斤，一概均分，食无高下。"该词在近代汉语中使用比率一直很低，不足1%。

总之，从上表可以看出，唐代，总括范围副词中的常用成员为：总、咸；宋代，总括范围副词中的常用成员为：都、皆；元代，总括范围副词中的常用成员为：都、皆、尽；明代，总括范围副词中的常用成员为：都、尽；可见，"都"自宋代以后一直是同类词中的常用成员，并一直沿用到现代汉语中。

二 限定副词

元代限定类副词共计21个，具体如下：

不过（63）、才1（143）、单（148）、单单（4）、但（112）、独（76）、刚1（3）、特2（3）、唯（62）、惟（132）、惟独（1）、则（173）、只（154）、止（28）、只好（1）、只是（26）、止不过（32）、至少（2）、专1（98）、子（282）、子是（55）

这些副词在近代汉语中的使用状况如下表：

词/比率/时代	唐	宋	元	明	备注
不过	0	1.7%	4.1%	0.3%	
才1	20%	1.1%	9.1%	15.7%	
单	0	0.1%	9.4%	2.4%	
单单	—	0.1%	0.3%	0.1%	
但	0	2.2%	7.1%	3.6%	
独	0	1.8%	4.9%	0.7%	
刚1	0	0	0.1%	0	
特2	0	1.4%	0.2%	0	
唯	20%	1.3%	4.0%	0	
惟	0	8.6%	8.4%	1.6%	
惟独	0	0	0.1%	0	
则	0	0	11.1%	0	
只	20%	70.5%	9.8%	60.9%	
止	0	2.1%	1.8%	2.9%	
只好	—	—	0.1%	0.9%	
只是	0	0	1.6%	6.2%	
止不过	—	—	2.1%	0	
至少	0	0	0.1%	0.1%	
专1	20%	2.0%	6.2%	0	
子	—	—	18.0%	0	
子是	—	—	3.5%	0	

"不过、才1、单、但、独、特2、唯、惟、惟独、则、只、止、专1"产生于上古或中古，"单单、刚1、只好、只是、止不过、至少、子、子是"产生于近代。"不过"在近代汉语中使用比率一直不高，相对而言，元代比率稍微高些，但是也低于5%，该词在唐代使用比率最低，以至于《变文》中没有出现；"才1"在近代汉语中使用比率一直不稳定，在唐和明时期比率高于10%，是同类词中的常用词，元代使用比率较低，仅为9.1%，是同类词中的次常用成员，宋代使用比率最低，不超过2%；"单"和"但"在近代汉语中使用比率也一直不高，仅仅在元代比率超过5%，属于同类词中的次常用成员，其余三个时代，比率都很低，尤其是唐代，该词的使用比率极低，以至于《变文》中没有出现；"独"在近代汉语中的使用比率一直很低，相对而言元代比率稍微高一些，但是也低于5%，尤其是唐代，该词的使用比率极低，以至于《变文》中没有出现；"特2"在近代汉语中的使用比率一直很低，尤其是唐明时期使用比率极低，以至于《变文》《语类》中都没有出现，相对而言宋代比率稍微高一些，但是也低于5%；"唯"在近代汉语中的使用比率不稳定，在唐代使用比率为20%，是同类词中的常用成员，但是在宋元明时期使用比率一直很低，都不超过2%，该词在明代最低，以至于《金》中没有出现；"惟"在近代汉语中使用比率也一直不高，仅仅在宋元时期比率超过5%，算比较常用的成员，而唐明时期，比率都很低，尤其是唐代，使用比率最低，以至于《变文》中没有出现；"惟独"近代汉语中的使用比率一直很低，相对而言元代比率稍微高一些，但也仅仅为0.1%；"则"近代汉语中的使用比率一直很低，只在元代使用比率超过10%，是同类词中的常用成员，与其他时代差别很大；"只"唐宋明时期使用比率都超过20%，是同类词中的常用成员，但是在元代使用比率仅为9.8%，是同类词中比较常用的成员，这与其他三个时代差别很大；"止"在近代汉语中的使用比率一直很低，都低于3%；"专1"在近代汉语中使用很不稳定，在唐代使用比率达到20%，是同类词中的常用成员，在元代使用比率为6.2%，是同类词中的比较常用的成员，但是在宋明时期使用比率则很低；"单单"至迟出现在宋代，如《语类·卷一百一十七》单单说个 "'风乎舞雩，咏而归'，只做个四时景致，论语何用说许多事！"但是在近代汉语中使用比率一直很低；"刚1"至迟出现在隋代，如：隋炀帝《效刘孝绰忆诗》之一："忆睡时，待来刚不来。"唐宋元时期使用比率一直很低，以至于在《变文》《语类》《金》中都没有出现；"只好"和"至少"至迟出现在元代，在元明时期使用比率很低；"只是"至迟出现在唐代，如：韩愈《镜潭》诗："鱼虾不用避，只是照蛟龙。"在唐宋元时期使用比率很低，但是明代使用比率上升，达到 6.2%，是同类词中次常用成员；"止不过"至迟出现在元代，使用比率很低，明代使用比率极低，以至于在《金》中没有出现；"子"至迟出现在元代，也只用于元代，在元代使用比率超过 10%，是同类词中的常用成员，与其他时代很不相同；"子是"至迟出现在元代，也只用于元代，但是元代使用比率很低。

总之，通过上表可以看出，唐代，限定范围副词中的常用成员为：才1、唯、只、专1；宋代，限定范围副词中的常用成员为：只；元代，限定范围副词中的常用成员为：则、子；明代，限定范围副词中的常用成员为：只、才；可见"只"在近代汉语中，除元代之外，一直是同类词中的常用成员，并一直沿用到现代汉语中。

三 统计副词

元代统计副词共有 5 个，具体如下：

凡（47）、共（65）、共通（4）、通（43）、通共（2）

这些副词在近代汉语中的使用状况如下表：

词/比率/时代	唐	宋	元	明	备注
凡	31.5%	75.3%	29.2%	1.3%	
共	7.8%	1.8%	40.4%	90.9%	
共通	—	—	2.5%	0	
通	0	0	26.7%	3.2%	
通共	—	—	1.2%	2.6%	

"凡、共、通"产生于上古或中古,"共通、通共"产生于近代。"凡"在近代汉语中的使用比率一直不稳定,在明代使用比率很低,不高于2%,在唐宋元时期使用比率很高,都高于20%,是同类词中的常用成员,尤其是在宋代比率达到75.3%,远远超出其他同类词,是同类词中最常用的成员;"共"在近代汉语中的使用比率也是很不稳定,元明三个时期使用比率一直高于10%,是同类词中的常用成员,尤其在明代达到90.9%,是同类词中最常用的成员,唐代使用比率超过5%,是同类词中的次常用成员,但是在宋代使用比率很低,仅为1.8%;"通"在近代汉语中使用比率也很不稳定,在唐宋明三个时期比率一直低于5%,但是在元代比率达到26.7%,是同类词中常用成员,总之通过上表可以看出,在唐代,"凡"和"共"的使用比率比接近4/1,在宋代,"凡"和"共"的使用比率比接近43/1,在元代二者的比率比为7/10,在明代二者的比率比为70/1,可见比率差别愈来愈大,"共"最终代替了"凡",而元代就是这个转折点,即"凡"自宋代之后低位逐渐下降,而"共"自元代开始低位逐渐上升,并最终取代了"凡"的地位;"共通"至迟出现在元代,也只用于元代,使用比率很低,尤其是明代,使用比率极低,以至于《金》中没有出现;"通共"至迟出现在元代,在近代汉语中使用率一直很低,都不高于3%,相对而言明代比率高一些。我们猜测其实二者是同一个词,"共通"是"通共"的异序词,是受句法韵律影响而出现的,其实可以算作"通共"韵律变体。

总之通过上表看出,唐代,统计范围副词中的常用成员为:凡;宋代,统计范围副词中的常用成员为:凡;元代,统计范围副词中的常用成员为:凡、共、通;明代,统计范围副词中的常用成员为:共。

四 类同副词

元代类同副词共2个,具体如下:

也(2266)、亦(423)

这些副词在近代汉语中的使用状况如下表:

词/比率/时代	唐	宋	元	明	备注
也	39.2%	36.3%	84.3%	94.1%	
亦	58.5%	59.8%	15.7%	5.9%	

这两个副词都来自上古或中古，"也"在近代汉语中使用比率比较稳定，一直高于30%，是同类词中的常用成员，并且自元代开始逐渐占领比率最高的地位；相比较而言，"亦"的使用比率则比较不稳定，唐宋时期比率一直在50%以上，是同类词中的常用成员，在元代使用比率仍然高于10%，是同类词中的常用成员，但到明代使用比率仅为5.9%，已经退出常用词行列，只能算比较常用的成员。从上表可以看出"也"和"亦"在唐宋的使用比率比例约为3/5，但是在元代比例为6/1，在明代的比例为16/1，也就是说"也"自元代开始地位逐渐上升，"亦"自元代开始地位下降，最终"也"取代"亦"称为最常用的成员。

总之，通过上表可以看出，唐、宋、元时期，类同副词中常用成员一直是：也、亦；明代，类同副词中常用成只有"也"。

第三节　时间副词

根据语法功能和语义的不同，将时间副词分为以下几类：

过去、已然，现在、进行，将来、未然，初始、短暂、突发，持续、暂且，逐渐，不定，最终，累加11类，具体分析如下。

一　过去、已然

元代过去已然类时间副词共15个，具体如下：

才2（431）、曾（862）、曾经（23）、尝（34）、刚2（76）、既（132）、恰才（39）、却才（3）、适（14）、适才（1）、已（768）、已经（59）、预先（15）、元（13）、早（73）

这些副词在近代汉语中的使用状况如下表：

词/比率/时代	唐	宋	元	明	备注
才2	0	4.3%	16.9%	63.7.9%	
曾	37.7%	25.0%	33.9%	5.7%	
曾经	0.7%	0	0.9%	0.1%	
尝	0	19.5%	1.3%	0.2%	
刚2	0	0	3.0%	4.4%	
既	20.2%	22.4%	5.2%	13.8%	
恰才	—	—	1.5%	0.1%	
却才	—	—	0.1%	0.2%	
适	0	0	0.5%	0.7%	
适才	—	—	0.04%	0.3%	
已	25.8%	22.0%	30.2%	31.6%	
已经	0	0.1%	2.3%	0	
预先	0	0	0.6%	0	
元	0	6.3%	0.5%	0.3%	
早	15.1%	0.4%	2.9%	8.1%	

"才2、曾、曾经、尝、刚2、既、适、已、已经、预先、元、早"产生于上古或中古，"恰才、却才、适才"产生于近代。"才2"在近代汉语中的使用比率一直不稳定，在唐宋时期使用比率一直很低，尤其是唐代使用比率极低，以至于在《变文》中没有出现，但是，该词在元明时期使用比率高于10%，是同类词中的常用成员，尤其是在明代，该词使用比率达到63.79%，成为同类词中最常用的成员；"曾"相对而言在近代汉语中使用比率还算稳定，在唐宋元三个时期，使用比率高于20%，是同类词中的常用成员，在明代使用比率有所下降，但是也高于5%，是同类词中比较常用的成员；"曾经、刚2、适、已经、预先"这些词在近代汉语中使用比率一直很低，都不高于5%，这几个词在某个时期使用比率非常低，以至于在同时代的典型文献中没有出现，"曾经、已经、预先"三者在元代使用比率相对比较高，但也不足4%，"刚2、适"相对而言在明代使用比率比较高，但也不足5%；"尝"在近代汉语中使用比率不稳定，在唐元明时期使用比率一直很低，不高于5%，该词在唐代使用比率最低，以

至于《变文》中古没有出现，但是在宋代使用比率接近20%，是同类词中的常用成员；"既"在近代汉语中使用比率也算比较稳定，在唐宋明时期，使用比率都高于10%，是同类词中的常用成员，该词在元代使用比率虽然比较低，但是也高于5%，是同类词中比较常用的成员；"已"在近代汉语中使用比率一直很稳定，使用比率一直高于20%，是同类词中的常用成员；"元"在近代汉语中的使用比率一直不高，在唐元明时期使用比率一直低1%，该词在唐代使用比率最低，以至于《变文》中古没有出现，该词在宋代使用比率高于5%，属于同类词中的次常用成员；"早"在近代汉语中的使用比率也不稳定，在宋元时期使用比率低于3%，在唐代使用比率超过10%，是同类词中的常用成员，在明代使用比率高于5%，是同类词的次常用成员。"恰才、却才、适才"至迟出现在元代，这些词在近代汉语中使用比率一直很低，都不高于3%，其中"恰才"在元代比率比较高，"却才、适才"在明代比率比较高；

总之，通过上表可以看出，唐代，过去、已然类时间副词中的常用成员为：曾、既、已、早；宋代，过去、已然类时间副词中的常用成员为：曾、尝、既、已；元代，过去、已然类时间副词中的常用成员为：才、曾、已；明代，过去、已然类时间副词中的常用成员为：才、既、已。可见，"已"在近代汉语中一直是同类词中的常用成员。"才2"在近代汉语中使用比率一直不断上升，最终在明代，使用比率超过"曾"，成为同类词中最常用的成员。

二 现在、进行

元代，现在、进行类时间副词共2个，具体如下：
正1（1054）、正在（14）
这些副词在近代汉语中的使用状况如下表：

词/比率/时代	唐	宋	元	明	备注
正1	100%	94.3%	98.7%	95.9%	
正在	—	—	1.3%	0.8%	

从上表可以看出,"正1"在近代汉语中的使用比率一直很稳定,一直高于90%,是同类词中最常用的成员。"正在"至迟出现在元代,但是出现之后使用比率一直很低,不高于2%,相对而言,元代比率比较高。

总之,通过上表可以看出,在近代汉语中,"正"一直是同类词中最常用的成员,并一直沿用到现代汉语中。

三 将来、未然

元代将来、未然类时间副词共有3个,具体如下:
将1(3050)、将次(1)、将欲(2)
这些副词在近代汉语中的使用状况如下表:

词/比率/时代	唐	宋	元	明	备注
将1	0.1%	87.8%	88.7%	15.3%	
将次	0	0.8%	0.03%	1.3%	
将欲	—	1.4%	0.06%	0	

"将1、将次"产生于上古或中古,"将欲"产生于近代。"将1"在近代汉语中的使用比率不是很稳定,在宋元明时期使用比率一直高于10%,是同类词中的常用成员,尤其是在宋元时期使用比率超过80%,是同类词中最常用的成员,但是在唐代使用比率则仅仅为0.1%;"将次"在近代汉语中使用比率一直很低,相对而言明代比率比较高,但是也不足2%;"将欲"迟出现在宋代,如《语类·卷一百二十八》:"蔡汴修国史,监筵以史事中伤诸公。"在近代汉语中使用比率一直很低,相对而言宋代比率比较高,但是也仅仅为1.4%。

总之,通过上表可以看出,宋元明时期,将来、未然类时间副词中的常用成员为:将1,唐代常用成员为:将来、相将、眼看,这三个词在元代都没有出现。

四 初始

元代初始类时间副词有3个,具体如下:

方（324）、方始（2）、始（13）

这些副词在近代汉语中的使用状况如下表：

词/比率/时代	唐	宋	元	明	备注
方	30.8%	80.9%	92.0%	46.0%	
方始	8.1%	7.0%	0.6%	0	
始	49.4%	0	3.7%	4.2%	

"方、方始、始"三个词在上古或中古已经出现。"方"在近代汉语中的使用比率一直比较稳定，都高于30%，是同类词中的常用成员，尤其是在宋元时期，使用比率超过80%，是同类词中最常用的成员；"方始"在近代汉语中使用比率呈现下降趋势，在唐宋时期使用比率一直高于5%，是同类词中次常用成员，在元代使用比率急剧下降，不足1%，明代使用比率最低，以至于在《金》中没有出现；"始"在近代汉语中使用比率一直不稳定，在唐代使用比率接近50%，是同类词中最常用的成员，自宋代使用比率急剧下降，使用比率极低，以至于在《语类》中没有出现，元明时期该词使用比率有所上升，但也不足5%。

总之，通过上表可以看出，唐代，初始类时间副词中的常用成员为：方、始；宋元明时期，初始类时间副词中的常用成员为：方。

五　短暂、突发

元代短暂突发类时间副词共有个23个，具体如下：

登时（14）、兜地（2）、顿（29）、顿然1（3）、忽（314）、忽地（17）、忽然（22）、即时（46）、立（30）、猛（67）、猛可（11）、猛然（14）、蓦（19）、蓦地（2）、随即（33）、脱地（1）、一时（4）、乍（21）、乍地（1）、辄1（16）、辄便（2）、直然（1）、骤（27）

这些副词在近代汉语中的使用状况如下表：

词/比率/时代	唐	宋	元	明	备注
兜地	—	—	0.3%	0	
登时	2.3%	0	2.1%	1.1%	
顿	2.0%	5.7%	4.3%	0.6%	
顿然1	—	—	0.4%	0	
忽	28.9%	6.3%	47.0%	4.9%	
忽地	—	0.1%	2.5%	0.1%	
忽然	11.2%	4.5%	3.2%	1.1%	
即时	0	0.3%	6.7%	0.9%	
立	1.5%	4.7%	0.4%	0.2%	
猛	—	0.3%	10.0%	0.2%	
猛可	—	—	1.6%	0.3%	
猛然	—	—	2.1%	0.4%	
蓦	2.5%	0.04%	2.8%	0.3%	
蓦地	0.1%	0.1%	0.3%	0.7%	
随即	0	0.3%	4.9%	1.8%	
脱地	—	—	0.1%	0	
一时	12.2%	0	0.3%	0.2%	
乍	0	0	3.1%	0.5%	
乍地	—	—	0.1%	0	
辄1	4.2%	0	2.4%	0.3%	
辄便	—	—	0.3%	0.1%	
直然	—	—	0.1%	0	
骤	0	0.6%	4.0%	0.03%	

"登时、顿、忽、忽然、即时、立、辄1、随即、乍、骤"产生于上古或中古,"兜地、顿然1、忽地、猛、猛然、猛可、蓦、蓦地、脱地、一时、乍地、辄便、直然"产生于近代。"登时、辄1"在近代汉语中的使用比率一直很低,相对而言唐代比率比较高,但也不足5%,二者在宋代使用比率最低,以至于在《语类》中没有出现;"顿"在近代汉语中使用比率也一直不高,仅仅在宋代使用比率超过5%,是同类词中次常用成员;"忽"在近代汉语中使用比率也不稳定,在唐元时期使用比率高于20%,是同类词中的常用成员,尤其是

在元代，使用比率接近50%，是同类词中最常用的成员，该词在宋代使用比率为6.3%，是同类词中的次常用成员，明代使用比率下降，仅仅为4.9%；"忽然"在近代汉语中使用比率呈下降趋势，唐代使用比率超过10%，是同类词中的常用成员，但是自宋代比率急剧下降，宋代比率为4.5%，元明时期比率更低，可见该词在近代汉语中使用很不稳定；"即时、随即、乍、骤"在近代汉语中使用比率都一直不高，在唐代使用比率最低，以至于在《变文》中没有出现，其中"乍"在宋代《语类》中也没有出现，相对而言，元代比率比较高，但是除"即时"之外，也都低于5%，"即时"仅仅在元代使用比率超过5%，是同类词中的次常用成员；"立"在近代汉语中的比率也一直很低，相对而言，宋代比率比较高，但仅为4.7%；"兜地、顿然1、猛然、猛可、脱地、乍地、辄便、直然"这些词至迟出现在元代，使用比率一直很低，相对而言，元代比率要比较高，但是仍然都低于3%；"忽地"至迟出现在宋代，如《语类·卷七十一》："只有一夜，亦是尽，安得谓之无尽？尝细推之，这一阳不是忽地生出。"该词在近代汉语中的使用比率一直很低，相对而言，元代比率要比较高，但也仅仅为2.5%；"猛"至迟出现在宋代，如梅尧臣《宿邵埭闻雨因买藕芡人回呈永叔》诗："寒屋猛添乡，湿窗愁打穿。"该词在近代汉语中使用比率并不稳定，在宋明时期使用比率一直很低，但在元代使用比率达到10%，成为同类词中的常用成员，并且形成了新词"猛然、猛可"；"蓦"至迟出现在唐代，如《敦煌变文》："蓦被命终难脱免，息然身教大娄罗。"但是在近代汉语中使用比率一直很低，相对而言，元代比率要比较高，但也仅仅为2.8%。

总之通过上表可以看出，唐代，短暂、突发类时间副词中的常用成员为：忽、忽然、一时；宋代，短暂、突发类时间副词中的常用成员为：遂（该词在元代没出现）；元代，短暂、突发类时间副词中的常用成员为：忽、猛；宋代，短暂、突发类时间副词中的常用成员为：即；明代，短暂、突发类时间副词中的常用成员为：遂；宋明时期此类词中的常用成员在元代没有出现。

六 持续

元代持续类时间副词共 23 个，具体如下：

从来（39）、古自（12）、还1（214）、仍（142）、仍旧（5）、尚（360）、尚古自（5）、尚兀自（4）、尚自（11）、兀自（14）、一迷（1）、一迷的（1）、一迷地（1）、一迷里（1）、一向（9）、依旧（110）、依然（17）、永（129）、永远（13）、犹（34）、犹然（5）、犹自（5）、直1（351）

这些副词在近代汉语中的使用状况如下表：

词/比率/时代	唐	宋	元	明	备注
从来	5.8%	1.9%	2.6%	1.8%	
古自	0	0	0.8%	0	
还1	0.6%	5.2%	14.4%	66.9%	
仍	3.0%	1.5%	9.6%	0.7%	
仍旧	0	0.5%	0.3%	0	
尚	9.4%	18.6%	24.3%	3.0%	
尚古自	—	—	0.3%	0	
尚兀自	—	—	0.3%	0	
尚自	—	—	0.7%	0	
兀自	—	—	0.9%	0	
一迷	—	—	0.08%	0	
一迷的	—	—	0.07%	0	
一迷地	—	—	0.07%	0	
一迷里	—	—	0.07%	0	
一向	—	8.5%	0.6%	6.0%	
依旧	1.4%	6.2%	7.4%	3.1%	
依然	0	0.1%	1.1%	0.2%	
永	23.2%	0.6%	8.7%	2.1%	
永远	0	0.1%	0.9%	0.2%	
犹	19.1%	38.5%	2.3%	2.5%	
犹然	0	0	0.3%	0.1%	
犹自	2.5%	1.1%	0.3%	0.1%	
直1	0	0	23.7%	2.2%	

"从来、还1、仍、仍旧、尚、依然、永、永远、犹、犹自、直

1"出现于上古或中古,"古自、尚古自、尚自、尚兀自、兀自、一迷、一迷的、一迷地、一迷里、一向、依旧、犹然"产生于近代。"从来"在近代汉语中使用比率一直不高,相对而言,唐代比率比较高,是同类词的常用成员,但是比率也仅仅为 5.8%;"还 1"在近代汉语中使用比率呈现上升趋势,唐代不足 1%,但是宋代已经超过5%,是同类词中的次常用成员,元代比率超过 10%,是同类词中的常用成员,在明代使用比率超过 66.9%,成为同类词中最常用的成员;"仍"在同类词中使用比率一直不高,仅仅元代比率超过 5%,是同类词中比较常用的成员;"仍旧"在近代汉语中使用比率一直很低,相对而言,宋代比率比较高,但也仅仅为 0.5%,唐明时期使用比率极低,以至于在《变文》《金》中没有出现;"尚"在近代汉语中使用比率一直很不稳定,在唐代使用比率为 9.4%,是同类词中的次常用成员,该词在宋元时期使用比率都超过 10%,是同类词中的常用成员,在明代使用比率则仅仅为 3.0%;"依然、永远"在近代汉语中使用比率一直很低,唐代使用比率最低,以至于在《变文》中没有出现,相对而言,宋代比率比较高,但也不超过 2%;"永"在近代汉语中使用比率一直不稳定,唐代使用比率超过 20%,是同类词中的常用成员,元代使用比率为 8.7%,是同类词中比较常用的成员,宋明时期使用比率则比较低,都不超过 3%;"犹"在近代汉语前半期,即唐宋时期使用比率一直比较高,是同类词中的常用成员,尤其在明代,使用比率超过 30%,是同类词中最常用的成员,但是这个词在元明时期使用比率一直低于 5%;"犹自"在近代汉语中使用比率一直很低,相对而言唐代比率会比较高,但是也仅仅为 2.5%;"直"在近代汉语中使用比率不稳定,在唐宋明时期使用比率一直很低,不超过 2%,尤其是唐宋时期,使用比率最低,以至于在《变文》《语类》中没有出现,但在元代使用比率达到 23.7%,是同类词中最常用的成员;"古自、尚古自、尚自、尚兀自、兀自、一迷、一迷的、一迷地、一迷里、犹然"这些词至迟出现在元代,也只用于元代,是元代独有的词,在元代使用比率一直很低,都不超过 1%;"一向"至迟出现在宋代,如《语类·卷一二〇》:"今人读书,多是从头一向看到尾。"这个词在元明时期使用比率都很低，仅仅在宋代使用比率超过5%，是同类词中的次常用成员；"依旧"至迟出现在唐代，如：赵璜《题七夕图》诗："明年七月重相见，依旧高悬织女图。"在唐明时期使用比率一直很低，但在宋元时期使用比率都超过5%，是同类词中的次常用成员。

总之，通过上表可以看出，唐代，持续类时间副词的常用成员为：永、犹；宋代，持续类时间副词的常用成员为：尚、犹；元代，持续类时间副词的常用成员为：还1、尚、直；明代，持续类时间副词的常用成员为：还1。

七　暂且

元代暂且类时间副词共8个，具体如下：

聊2（8）、聊且（2）、且（441）、权（7）、权且（7）、暂（73）、暂时（9）、暂时间（2）

这些副词在近代汉语中的使用状况如下表：

词/比率/时代	唐	宋	元	明	备注
聊2	0	0.3%	1.5%	2.3%	
聊且	0	0	0.3%	0	
且	87.1%	90.9%	80.3%	88.1%	
权	6.4%	4.2%	1.3%	4.6%	
权且	—	—	1.3%	0.8%	
暂	3.4%	0.6%	13.3%	2.3%	
暂时	0	0	1.6%	0.2%	
暂时间	—	—	0.4%	0	

"聊2、聊且、且、权、暂、暂时"产生于上古或中古，"权且、暂时间"产生于近代。"聊、聊且、暂时"在近代汉语中的中的使用比率一直很低，其中"聊"在明代比率相对较高，"聊且、暂时"在元代使用比率相对较高，但是都不足3%，"聊"在唐代使用比率极低，以至于在《变文》中没有出现，"聊且"在唐宋明时期使用比率

一直极低,以至于在《变文》《语类》《金》中都没有出现,"暂时"在唐宋时期使用比率极低,以至于在《变文》《语类》中没有出现;"且"在近代汉语中使用比率一直很高,都超过80%,是同类词中最常用的成员;"权"在近代汉语中使用比率一直不高,相对而言,唐代比率比较高,超过5%,是同类词中比较常用的成员,但是该词在宋元明时期使用比率一直低于5%;"暂"在近代汉语中使用比率一直不稳定,在唐宋明时期使用比率一直低于5%,在元代使用比率则比较高,达到13.3%,是同类词中的常用成员;"权且、暂时间"至迟出现在元代,相对而言,元代使用比率比较高,但是使用比率也不足2%,可见,二者在近代汉语中使用比率一直很低。

　　总之,通过上表可以看出,唐代,暂且类时间副词中的常用成员为:且;宋代,暂且类时间副词中的常用成员为:且;元代,暂且类时间副词中的常用成员为:且、暂;明代,暂且类时间副词中的常用成员为:且;可见,"且"在近代汉语中一直是同类词中的常用成员。

八　逐渐

元代逐渐类时间副词共9个,具体如下:

看看(27)、积渐(6)、渐(176)、渐渐(20)、日渐(3)、稍2(6)、益(2)、逐日(7)、逐旋(6)

这些副词在近代汉语中的使用状况如下表:

词/比率/时代	唐	宋	元	明	备注
看看	0	0	10.6%	5.6%	
积渐	2.0%	0	2.3%	0	
渐	40.8%	54.3%	69.6%	66.2%	
渐渐	17.3%	28.5%	7.9%	26.8%	
日渐	0	0.3%	1.2%	0	
稍2	17.3%	0	2.4%	0	
益	0	1.2%	0.8%	0	
逐日	0	0	2.8%	0	
逐旋	—	0	2.4%	0	

"积渐、渐、渐渐、日渐、稍2、益"产生于上古或中古,"看看、逐日、逐旋"产生于近代。"积渐、日渐"在近代汉语中使用比率一直很低,相对而言元代比率比较高,但也不足3%,"积渐"宋明时期使用比率极低,以至于在《语类》《金》中没有出现,"日渐"在唐明时期使用比率极低,以至于在《变文》《金》中没有出现;"渐"在近代汉语中使用比率比较稳定,比率一直高于40%,是同类词中的最常用成员;"渐渐"在近代汉语中使用比率则不那么稳定,唐宋明时期使用比率一直高于10%,是同类词中的常用成员,元代使用比率则比较低,仅为8.0%,是同类词中次常用的成员;"稍2"在近代汉语中使用比率一直不稳定,在唐代使用比率接近20%,是同类词中的常用成员,但是在元代使用比率则比较低,都不足3%,在宋明时期使用比率极低,以至于在《语类》《金》中没有出现;"益"产生于上古,但是在近代汉语中使用比率一直不高,宋元时期使用比率不足2%,唐明时期使用比率更低,以至于在《变文》《金》中没有出现;"看看"至迟出现在唐代,如刘禹锡《酬杨侍郎凭见寄》诗:"看看瓜时欲到,故侯也好归来。"该词在唐代使用比率极低,以至于《变文》中没有出现,该词在宋代使用比率也极低,以至于《语类》中没有出现,该词在元代使用比率超过10%,成为同类词中的常用成员,在明代使用比率下降为5.6%,成为同类词中的次常用成员;"逐日"至迟出现在唐代,如白居易《首夏》诗:"料钱随月用,生计逐日营。"该词在《变文》和《语类》中没有出现,在元代出现的数量也不多,相对而言,元代使用比率略高,但也不足3%;"逐旋"至迟出现在宋代,如苏轼《议给田募役状》:"宽剩役钱本非经赋常入,亦非国用所待而后足者,今付有司逐旋支费。"但是《语类》中没有出现,相对而言,该词在元代用比率比较高,但是依然不足3%。

总之,通过上表可以看出,唐代,逐渐类时间副词的常用成员为:渐、渐渐、稍2;宋代,逐渐类时间副词的常用成员为:渐、渐渐;元代,逐渐类时间副词的常用成员为:看看、渐;明代,逐渐类时间副词的常用成员为:渐、渐渐。可见,在近代汉语中,"渐"一直是各代同类词中的常用成员,"渐渐"只在元代退出常用词行列。

九　不定

元代不定类时间副词共6个，具体如下：

或间（3）、偶（54）、偶尔（2）、随时（20）、有时（21）、早晚（24）

这些副词在近代汉语中的使用状况如下表：

词/比率/时代	唐	宋	元	明	备注
或间	—	—	2.4%	0	
偶	35.0%	0	43.5%	38.6%	
偶尔	—	—	1.6%	0	
随时	20.0%	10.6%	16.1%	0	
有时	0	30.2%	16.9%	5.7%	
早晚	45.0%	2.1%	19.4%	47.1%	

"有时、偶、随时"产生于上古或中古，"或间、偶尔、早晚"产生于近代。"有时"在近代汉语中使用比率并不稳定，在唐代使用比率则很低，以至于《变文》中没有出现，该词宋元时期使用比率超过10%，属于同类词中的常用成员，明代，该词使用比率下降为5.7%，属于同类词中的次常用成员；"偶"在近代汉语中使用比率也并不稳定，在唐元明时期使用比率一直很高，都超过30%，是同类词中的常用成员，但是在宋代使用比率则非常低，以至于《语类》中没有出现；"随时"在近代汉语中使用比率也很不稳定，在唐宋元时期使用比率一直高于10%，是同类词中的常用成员，但是在明代，使用比率则很低，以至于《金》中没有出现；"或间、偶尔"这两个词至迟出现在元代，在近代汉语中使用比率也一直很低，尤其是明代，使用比率极低，以至于在《金》中没有出现，相对而言，元代比率比较高，但是也都不足3%；"早晚"至迟出现在唐代，如韩翃《送山阴姚丞携妓之任》诗："他日如寻始宁墅，题诗早晚寄西人。"该词在唐、元、明时期使用比率一直很高，使用比率超过10%，是同类词中的常用成员，尤其是唐元时期使用比率都超过40%，是同类词中的最常用

成员，但是在宋代使用比率则一直很低，不足3%。

总之，通过上表可以看出，唐代，不定类时间副词常用成员为：偶、随时、早晚；宋代，不定类时间副词常用成员为：随时、有时；元代，不定类时间副词常用成员为：偶、随时、有时；明代，不定类时间副词常用成员为：偶、早晚。可见"偶"除宋代以外，一直是同类词中的常用成员。

十　最终

元代最终类时间副词有5个，具体如下：
到底1（17）、竟1（3）、终（38）、终久（6）、终须（13）
这些副词在近代汉语中的使用状况如下表：

词/比率/时代	唐	宋	元	明	备注
到底1	0	0	22.1%	9.1%	
竟1	0	16.9%	3.9%	0	
终	83.5%	54.3%	49.4%	48.1%	
终久	0	0	7.8%	2.6%	
终须	0.1%	0	16.9%	9.1%	

"竟1、终"产生于上古或中古，"到底1、终究、终须"产生于近代。"竟1"在近代汉语中使用比率不稳定，在唐、明时期使用比率一直很低，以至于在《变文》《金》中没有出现，该词在元代使用比率也很低，不足4%，该词在宋代使用比率为16.9%，是同类词中的常用成员；"终"在近代汉语中的使用比率一直很高，比率一直超过40%，是同类词中的最常用成员；"到底1"至迟出现在唐代，如牟融《寄范使君》诗："从来姑息难为好，到底依栖总是諏。"但在《变文》和《语类》中没有出现，在元明时期使用比率并不稳定，在元代使用比率超过20%，是同类词中的常用成员，明代使用比率超过5%，是同类词中的常用成员；"终久"至迟出现在唐代，如：方干《山中》诗："松月水烟千古在，未知终久属谁家？"但是《变文》中没有出现，《语类》中也没有出现，在元代使用比率超过5%，是同类

词中比较常用的成员，在明代使用比率则比较低，仅为2.6%；"终须"至迟出现在唐代，如《敦煌变文》："地水终须去，火风没处藏。"在近代汉语中使用比率相对比较稳定，元代的使用比率超过10%，是同类词中的常用成员，明代使用比率为9.1%，是同类词中比较常用的成员。

总之，通过上表可以看出，唐代，最终类时间副词的常用成员为：终；宋代，最终类时间副词的常用成员为：竟1、终；元代，最终类时间副词的常用成员为：到底、终、终须；明代，最终类时间副词的常用成员为：终。可见，"终"在近代汉语中一直是同类词中的常用成员。

十一 累加

元代累加类时间副词共有5个，具体如下：
复（125）、更2（32）、又（1607）、又自（2）、再（700）
这些副词在近代汉语中的使用状况如下表：

词/比率/时代	唐	宋	元	明	备注
复	15.4%	0.7%	5.1%	1.4%	
更2	3.9%	6.1%	1.3%	0	
又	59.3%	78.0%	65.1%	69.8%	
又自	0	1.4%	0.08%	0.1%	
再	17.8%	2.8%	28.4%	0.8%	

这些副词都产生于上古或中古，"复"在近代汉语中使用比率一直不稳定，在唐代使用比率超过10%，是同类词中的常用成员，在元代使用比率为5.1%，是同类词中的次常用成员，但是在宋明时期使用比率一直低于2%；"更2"在近代汉语中使用比率也不稳定，在宋代使用比率为6.1%，是同类词中的次常用成员，在唐元明时期使用比率则一直低于5%；"又"在近代汉语中使用比率一直很稳定，使用比率超过50%，是同类词中最常用的成员；"又自"在近代汉语中使用比率一直很低，唐代使用比率最低，以至于在《变文》中没有出

现，相对而言，宋代使用比较高，但也仅为 1.4%；"再"在近代汉语中使用比率一直不稳定，在唐元时期使用比率都超过 10%，是同类词中比较常用的成员，但是在宋明时期使用比率则比较低，都不足 3%。

总之通过上表可以看出，唐代，最终类时间副词中常用成员为：复、又、再；宋代，最终类时间副词中常用成员为：又；元代，最终类时间副词中常用成员为：又、再；明代，最终类时间副词中常用成员为：又；可见，"又"在近代汉语中一直是同类词中的常用成员。

第四节 情状方式副词

情状方式副词分为：表独自、各自、亲自，表故意、任意、无意，表相互、逐一、齐同，表暗然、公然，表极力、着急，表徒然，表直接，表复加 8 类。具体分析如下。

一 表独自、各自、亲自

元代表独自、各自、亲自类情状方式副词共计 10 个，具体如下：独 2（199）、独自（63）、独自个（7）、各（149）、各自（27）、各各（48）、亲（45）、亲自（17）、亲身（4）、亲手（8）

这些副词在近代汉语中的使用状况如下表：

词/比率/时代	唐	宋	元	明	备注
独 2	49.3%	2.0%	34.7%	29.2%	
独自	6.3%	0.2%	11.1%	20.7%	
独自个	—	—	1.2%	0	
各	0	26.6%	26.2%	12.6%	
各自	0	4.7%	5.0%	4.9%	
各各	0	0.7%	8.5%	2.4%	
亲	0	17.5%	8.1%	0.5%	

续表

词/比率/时代	唐	宋	元	明	备注
亲手	0	0.1%	1.4%	6.1%	
亲身	—	—	0.7%	0.4%	
亲自	6.8%	1.6%	3.0%	13.8%	

"独2、独自、各、各自、各各、亲自"产生于上古或中古，"独自个、亲身、亲手"产生于近代。"独2"在近代汉语使用比率一直不稳定，唐元明时期使用比率超过20%，是同类词中的常用成员，尤其是在唐代，使用比率接近50%，是同类词中最常用的成员，但是宋代使用比率仅为2%，与其他时代差别比较大；"独自"在近代汉语中的比率也不稳定，在元明时期，比率高于10%，是同类词中的常用成员，唐代使用比率为6.3%，是同类词中的次常用成员，但是在宋代，使用比率很低，仅仅为2%；"各"在近代汉语中使用比率也不稳定，在宋元明时期一直是同类词中的常用成员，但是在唐代使用比率很低，以至于《变文》中没有出现；"各自"在近代汉语中使用比率一直很低，相对而言，元代比率稍微高一些，仅为5.0%，是同类词中的次常用的成员，但是其他时代都很低，唐代使用比率最低，以至于《变文》中没有出现；"各各"在近代汉语中使用比率一直不高，仅元代使用比率为9.2%，是同类词中次常用的成员，唐代使用比率最低，以至于《变文》中没有出现；"亲"在近代汉语中使用比率一直不稳定，在唐明时期使用比率都很低，以至于《变文》中没有出现，但是在宋代使用比率则超过10%，是同类词中的最常用成员，在元代使用比率达到8.1%，是同类词中的次常用成员；"亲自"在近代汉语中使用比率一直不稳定，宋元时期比率一直很低，唐代比率超过5%，是同类词中的次常用成员，明代使用比率超过10%，是同类词中的常用成员；"独自个"产生于元代，只用于元代，是元代独有的词，使用比率很低；"亲身"至迟出现在元代，在近代汉语中使用比率一直不高，在明代期使用比率极低，以至于《金》中没有出现；"亲手"至迟出现在唐代，如章孝标《鹰》诗："会使老拳供口腹，

莫辞亲手唻腥臊。"但在《变文》中没有出现，在近代汉语中使用比率一直不高，在唐宋元时期使用比率很低，明代比率也仅仅为6.1%，是同类词中的次常用的成员。

总之，通过上表看出，唐代，表独自、各自、亲自类的情状方式副词为：独2；宋代，表独自、各自、亲自类的情状方式副词为：各、亲；元代，表独自、各自、亲自类的情状方式副词为：独2、独自、各；明代，表独自、各自、亲自类的情状方式副词为：独2、独自、各、亲自；可见"独2"除宋代以外，在近代汉语中一直属于同类词中的常用成员；"各"除唐代以外，在近代汉语中一直属于同类词中的常用成员。

二　表故意、任意、无意

元代表故意、任意、无意类情状方式副词共计20个，具体如下：
不觉（62）、不由（87）、故（24）、故意（17）、胡（42）、胡乱（4）、漫散（1）、平白（9）、平白里（1）、任意（11）、擅自（8）、随意（4）、特3（56）、特的（2）、特地（7）、特故里（1）妄（32）、辄2（11）、恣意（17）、专2（25）

这些副词在近代汉语中的使用状况如下表：

词/比率/时代	唐	宋	元	明	备注
不觉	17.9%	0	14.7%	28.1%	
不由	—	—	20.7%	0	
故	62.7%	0	5.7%	0	
故意	0	1.8%	4.0%	8.2%	
胡	—	15.0%	10.0%	0	
胡乱	—	16.6%	1.0%	11.9%	
漫散	—	—	0.2%	0	
平白	—	0.2%	2.1%	35.8%	
平白里	—	—	0.2%	0	
任意	3.2%	1.0%	2.6%	2.4%	
擅自	0	0	1.9%	0	
随意	0	0.8%	1.0%	0.6%	

续表

词/比率/时代	唐	宋	元	明	备注
特3	10.3%	15.8%	13.3%	6.1%	
特的	—	—	0.4%	0	
特地	1.2%	2.9%	1.7%	0.9%	
特故里	—	—	0.2%	0.3%	
妄	0	45.6%	7.6%	0	
辄2	0	0	2.6%	0	
恣意	0	0	4.0%	0	
专2	0	0	5.9%	0	

"不觉、故、任意、擅自、随意、特3、妄、辄2、恣意、专2"产生于上古或中古,"不由、故意、胡、胡乱、漫散、平白、平白里、特的、特地、特故里"产生于近代。"不觉"在近代汉语使用比率不太稳定,在唐元明时期使用比率都在10%以上,是同类词中的常用成员,尤其是在明代,使用比率接近30%,是同类词中最常用的成员,但在宋代,该词的使用比率极低,以至于在《语类》中没有出现;"故"在近代汉语中使用比率极为不稳定,唐代使用比率达到62.7%,是同类词中最常用的成员,元代比率为5.7%,算同类词中比较常用的成员,但是宋明时期使用比率就极低,以至于《语类》《金》中没有出现;"任意"在近代汉语中使用比率一直很低,只在唐代比率高些,但也仅仅为3.2%,其余都不超过3%;"擅自"、"随意"、"辄2"和"恣意"在近代汉语中使用比率一直很低,只在元代比率高些,但是也低于5%;"擅自"、"辄2"、"恣意"在唐宋明时期使用比率极低,以至于《变文》《语类》《金》中没有出现;"随意"唐代使用比率极低,以至于《变文》中没有出现;"妄"在近代汉语中使用比率极为不稳定,宋代比率超过40%,是同类词中的最常用成员,但是在元代仅仅为7.6%,算同类词中的次常用成员,该词在唐明时期使用比率极低,以至于在《变文》《金》中没有出现;"专2"在近代汉语中使用比率也一直很低,只有在元代使用比率超过5%,是同类词中的次常用成员;"不由"在近代汉语中使用比率不

很稳定,该词至迟出现在元代,在其他时代使用比率一直很低,只有在元代使用比率超过20%,是同类词中常用成员,该词在唐宋明时期使用比率极低,以至于《变文》《语类》《金》中没有出现;"故意"至迟出现在唐代,如《旧唐书·卷十七下》:"天下死罪囚,除官典犯赃、篡弑杀人外,并降从流,流已下递降一等。"《变文》中没有出现,这个词近代汉语中使用比率一直不高,仅仅在明代比率高于5%,算同类词中的次常用成员;"胡"在近代汉语中使用比率也不稳定,该词至迟出现在宋代,如《语类·卷五》:"元来无所有的人,见人胡说话,便惑将去。"在宋元时期比率超过10%,是同类词中的常用成员,但是在唐明时期比率一直很低,以至于在《变文》《金》中没有出现;"胡乱"至迟出现在宋代,如《语类·卷十一》:"圣贤说出来底言语,自有语脉,安顿得各有所在,岂似後人担乱说了也!"这个词在宋明时期比率超过10%,是同类词中的常用成员,但是元代使用比率比较低,仅为1%;"漫散"至迟出现在元代,但是在近代汉语中使用比率一直很低,以至于《金》中没有出现;"平白"至迟出现在宋代,如《语类·卷七十一》:"这八字平白在这里,若如所说,则曲折多,意思远。"在近代汉语中使用比率呈上升趋势,宋元时期比率一直很低,明代使用比率超过35.8%,是同类词中最常用的成员;"平白里"至迟出现在元代,也仅仅用在元代,是元代独有的词;"特地"至迟出现在唐代,如王维《慕容承携素馔见过》诗:"空劳酒食馔,特底解人颐。"该词在近代汉语中使用比率一直很低,相对而言,宋代使用比率略高,但仍不足3%;"特的"相当于"特地",二者是同一个词,该词至迟出现在元代,在近代汉语中使用比率极低,以至于在《金》中没有出现;"特故里"至迟出现在元代,在近代汉语中使用比率也一直很低;

  总之,通过上表可以看出,唐代,表故意、任意、无意类情状方式副词常用成员为:不觉、故、特3;宋代,表故意、任意、无意类情状方式副词常用成员为:胡、胡乱、特3、妄;元代,表故意、任意、无意类情状方式副词常用成员为:不觉、不由、胡、特3;明代,表故意、任意、无意类情状方式副词常用成员为:不觉、胡乱、平白；可见，"特3"除明代意外，在近代汉语中一直是同类词中的常用成员。

三 表相互、逐一、齐同

元代表相互、逐一、齐同类的情状方式副词共计18个，具体如下：

并（71）、次第（8）、递相（9）、共同（4）、互（16）、互相（16）、交相（3）、同共（4）、相（259）、相与（6）、一齐（31）、一时（19）、一一（17）、一并（4）、一发（34）、一同（104）、逐一（12）、逐一个（1）

这些副词在近代汉语中的使用状况如下表：

词/比率/时代	唐	宋	元	明	备注
并	0	0	11.5%	30.9%	
次第	3.0%	1.8%	1.3%	0	
递相	0	15.0%	1.5%	0	
共同	0	16.6%	0.6%	0.1%	
互	1.20%	1.5%	2.6%	0	
互相	0.1%	1.3%	2.6%	2.8%	
交相	0	0.5%	0.5%	0	
同共	0	0	0.6%	0	
相	12.9%	81.0%	42.0%	0.9%	
相与	0	0.9%	1.0%	0	
一齐	3.1%	4.0%	5.0%	0.2%	
一时	20.0%	0	3.1%	0	
一一	0	4.3%	2.8%	8.1%	
一并	—	0	0.6%	52.5%	
一发	—	0.1%	5.5%	0.2%	
一同		0	16.8%	15.2%	
逐一	—	1.7%	1.9%	0	
逐一个	—	—	1.5%	0	

"并、次第、递相、共同、互、互相、交相、同共、相、相与、

一齐、一时、一一"产生于上古或中古,"一并、一发、一同、逐一、逐一个"产生于近代。"并"在近代汉语中使用比率一直不稳定,在唐宋时期使用比率一直很低,在元明时期,使用比率高于10%,属于同类词中的常用成员,尤其是在明代,使用比率超过30%,是同类词中最常用的成员;"次第"、"互"、"互相"、"同共"、"交相"、"相与"这几个词在近代汉语中使用比率一直很低,都不高于5%;"递相""共同"在唐、元、明三个时期使用比率一直很低,只在宋代使用比率比较高,达到15%,属于同类词中的常用成员;"相"在近代汉语中的使用比率也不稳定,在唐宋元使用比率超过10%,属于同类词中的常用成员,尤其是在宋代,使用比率超过80%,是同类词中最常用的成员"一齐"在近代汉语中的使用比率一直不高,仅仅在元代使用比率高于5%,属于同类词中比较常用的成员;"一时"仅仅在唐代使用比率超过10%,属于同类词中的常用成员,在其他时期比率一直很低;"一一"在近代汉语中的比率一直很低,仅仅在明代使用比率超过5%,属于同类词中比较常用的成员;"一并"使用比率在明代最高,超过50%,是同类词中最常用的成员,这个词至迟出现在宋代,如《语类·卷一百二十七》:"某向来在朝,与君举商量,欲拈出此等事,寻数件相类者,一并上之。"在宋元时期使用比率一直很低;"一发"在近代汉语中使用比率一直不高,仅仅在元代使用比率超过5%,算比较常用的成员,这个词至迟出现在宋代,如《语类·卷一百一十一》:"往在漳州,见有退税者,不是一发退了;"宋明时期使用比率一直很低;"一同"至迟出现在宋代,如岳飞《奏乞般家属札子》:"臣昨日……欲乞先次般妻男云一房来行在,臣今欲乞尽数勘契一同来行在居住。"在元明时期使用比率超过15%,是同类词中的常用成员,但是宋代使用比率很低;"逐一"至迟出现在宋代,《语类·卷六》:"四端犹四德。逐一言之,则各自为界限。"该词在近代汉语中使用比率很低;"逐一个"至迟出现在元代,元代使用比率不足2%,明代使用比率极低,以至于《金》中没有出现,可见,该词在近代汉语中使用比率一直很低。

总之,通过上表可以看出,唐代,表相互、逐一、齐同类情状方式副词常用成员为：相、一时；宋代，表相互、逐一、齐同类情状方式副词常用成员为：相、一时；递相、共同、相；元代，表相互、逐一、齐同类情状方式副词常用成员为：并、相、一同；明代，表相互、逐一、齐同类情状方式副词常用成员为：并、一并、一同。

四 表公然、暗然

元代表公然、暗然类情状方式副词共计12个，具体如下：

暗（37）暗暗（20）、暗地（5）、暗地里（1）、暗里（10）、暗中（7）、背地里（11）、公然（8）、密（11）、窃（25）、私地下（1）、私下（15）

这些副词在近代汉语中的使用状况如下表：

词/比率时代/	唐	宋	元	明	备注
暗	28.6%	13.5%	24.5%	48.9%	
暗暗	—	0.6%	13.2%	16.9%	
暗地	14.3%	3.1%	3.3%	4.4%	
暗地里	0	0	0.7%	3.1%	
暗里	—	—	6.7%	0	
暗中	0	0	4.6%	3.1%	
背地里	—	—	7.3%	0.4%	
公然	9.5%	1.2%	5.3%	0	
密	—	—	7.3%	1.8%	
私地下	—	—	0.7%	0	
私下	—	0	9.9%	17.8%	
窃	0	81.0%	16.7%	0	

"暗、窃"产生于上古或中古，"暗暗、暗地、暗地里、暗里、暗中、背地里、公然、密、私地下、私下"产生于近代。"暗"在近代汉语中使用比率一直在10%以上，是同类词中的常用成员，尤其是在明代，使用比率超过40%，是同类词中最常用的成员；"窃"在近代汉语中使用比率极不稳定，宋元时期使用比率超过10%，是同类词中的常用成员，尤其是在宋代，使用比率超过80%，是同类词中最常用

的成员,但是在唐明时期,使用比率一直很低;"暗暗"在近代汉语中使用比率不算稳定,这个词至迟出现在宋代,如《语类·卷九十七》:"自'衣锦尚䌹'以下皆是,只暗暗地做工夫去。"这个词自产生以来,使用比率一直呈上升趋势,宋代使用比率很低,但是在元明时期一直高于10%,是同类词中的常用成员;"暗地"至迟出现在唐代,如《敦煌变文》:"心忧到被君王问,暗地思量奏对言。"仅仅在唐代使用比率超过10%,属于同类词中的常用成员,但是在其他近代汉语时期使用比率却一直不高,都不足5%;"暗地里"至迟出现在元代,相对而言,明代使用比率略高,但也不足4%,可见该词在近代汉语中使用比率一直很低;"暗里"至迟出现在元代,元代使用比率为6.7%,属于同类词中的次常用成员,该词在明代使用比率极低,以至于《金》中没有出现,可见该词在近代汉语中使用比率并不稳定;"暗中"至迟出现在元代,在近代汉语中使用比率一直很低,相对而言,元代使用比率略高,但也仅为4.6%;"背地里"至迟出现在元代,元代使用比率超过5%,属于同类词中的比较常用的成员,在明代使用比率则比较低;"公然"在近代汉语中使用比率一直不高至迟出现在唐代,如:刘知几《史通·暗惑》:"且退老西河,取疑夫子,犹使丧明致罚,投杖谢愆,何肯公然自欺,诈相策奉?"也只在唐代使用比率超过5%,属于同类词中比较常用的成员,其他时代使用比率一直很低;"密"在近代汉语中使用比率一直不稳定,这个词至迟出现在元代,在元代使用比率超过5%,属于同类词中比较常用的成员,在其他近代汉语时期,使用比率一直很低;"私地下"在近代汉语中使用比率一直很低,这个词至迟出现在元代,相对而言元代比率比较高,但是也不超过1%,可见使用之少;"私下"在近代汉语中使用比率不稳定,这个词至迟出现在宋代,如司马光《乞罢免役钱依旧差役札子》:"诸州所差之人,若正身自愿充役者,即令充役,不愿充役者,任便选雇有行止人自代,其雇钱多少,私下商量。"宋代使用比率很低,在元代使用比率高于5%,属于同类词中比较常用的成员,在明代使用比率高于15%,属于同类词中的常用成员。

总之,通过以上两个表格可以看出,元代此类词中的常用成员为：暗、窃、暗暗，比较常用的成员为：暗里、背地里、公然、密、私下。

五　表极力、着急

元代出现的表极力、着急类的情状方式副词共计18个，具体如下：

百端（10）、并力（4）、急切（4）、尽力（50）、百般（25）、迭不的（6）、好好（6）、好生2（38）、极力（3）、急慌（1）、急慌慌（1）、急煎煎（25）、急忙（5）、苦（41）、苦苦（8）、苦死（7）、连忙（8）、硬（66）

这些副词在近代汉语中的使用状况如下表：

词/比率/时代	唐	宋	元	明	备注
百般	0.1%	0.9%	9.6%	13.2%	
百端	0	1.5%	3.8%	0	
并力	0	0	1.5%	0	
迭不的	—	—	2.3%	0	
好好	5.2%	0.9%	2.3%	22.5%	
好生2	9.1%	0.9%	14.6%	26.0%	
极力	0	8.9%	0.1%	0	
急切	0	0	1.5%	2.9%	
急慌	—	—	0.4%	0	
急慌慌	—	—	0.4%	0	
急煎煎	—	—	9.6%	0	
急忙	—	0	1.9%	2.9%	
尽力	0	0	1.9%	0.5%	
苦	13.0%	28.4%	15.8%	5.4%	
苦苦	—	1.2%	3.1%	0	
苦死	2.6%	0.6%	2.7%	1.0%	
连忙	7.8%	0	3.1%	2.9%	
硬	—	33.0%	25.4%	3.4%	

"百端、并力、急切、尽力、苦"产生于上古或中古，"百般、迭

不的、好好、好生 2、极力、急慌、急慌慌、急煎煎、急忙、苦苦、苦死、连忙、硬"产生于近代。"百端"、"并力"、"急切"、"尽力"在近代汉语中的使用比率一直很低，都不超过 3%，"百端"在唐明时期使用比率极低，以至于《变文》和《金》中没有出现，"并力"在唐宋明时期使用比率极低，以至于《变文》《语类》《金》中都没有出现，"急切、尽力"在唐宋时期使用比率极低，以至于《变文》《语类》中都没有出现；"苦"在近代汉语中使用比率相对比较稳定，在唐宋元时期比率一直高于 10%，属于同类词中的常用成员，其中相对而言，宋代比率最高，接近 30%，但是在明代使用比率明显下降，仅为 5.4%，是同类词中次常用成员；"百般"至迟出现在唐代，如：《敦煌变文》："父王阉说，亦与愁忧。更添音乐，亘照悦乐太子。太子闻乐，转更愁忧。"该词在近代汉语中使用比率一直呈上升趋势，唐代使用比率为 0.1%，宋代使用比率为 0.9%，元代使用比率上升为 9.6%，是同类词中次常用成员，明代使用比率上升为 13.2%，是同类词中的常用成员；"迭不的"至迟出现在元代，在近代汉语中使用比率很低，唐宋明时期使用比率极低，以至于《变文》《语类》《金》中都没有出现，相对而言，元代比率较高，也仅仅为 2.3%；"好好"至迟出现在唐代，如李商隐《送崔珏往西川》诗："浣花笺纸桃花色，好好题诗咏玉钩。"在近代汉语中使用比率一直不稳定，在唐代比率为 5.2%，是同类词中的次常用成员，在宋元时期使用比率一直很低，都不足 3%，明代使用比率超过 20%，属于同类词中的常用成员；"好生 3"至迟出现在唐代，如《敦煌变文》："好生供养观音，还要虔恭礼拜。"在近代汉语中使用比率也一直不高，唐代比率为 9.1%，属于同类词中的次常用成员，该词在元明时期使用比率高于 10%，是同类词中的常用成员，尤其是在明代，使用比率超过 25%，是同类词中最常用的成员，该词在宋代使用比率很低，不足 1%；"极力"至迟出现在唐代，如杜甫《剑门》诗："并吞与割据，极力不相让。"该词在唐明时期使用比率极低，以至于《变文》《金》中没有出现，相对而言，宋代使用比率略高，达到 8.9%，属于同类词中的次常用成员，元代比率不足 1%，可见该词在在近代汉语中使用比率不稳定。"急慌"、"急慌慌"至迟出现在元代，二者在明代使用比率极低，以至于《金》中没有出现，二者在元代使用比率也很低，都不到1%，可见二者在近代汉语中使用比率一直很低；"急煎煎"至迟出现在元代，在元代使用比率超过5%，属于同类词中的次常用的员，该词在明代使用比率极低，以至于《金》中没有出现，可见，该词在近代汉语中古使用比率不稳定；"急忙"至迟出现在宋代，如苏舜钦《寄题水月》诗："如何遂得追游性，摆却营营不急忙。"该词在宋代使用比率极低，以至于《语类》中没有出现，相对而言，该词在明代使用比率较高，但也仅为2.9%，可见该词在近代汉语中使用比率一直很低；"苦苦"至迟出现在宋代，如《语类·卷一百二十七》：又问："切己工夫，如何愈见得己私难胜？"曰："这个也不须苦苦与他为敌。但才觉得此心随这物事去，便与他唤回来，便都没事。"该词在明代使用比率极低，以至于《金》中没有出现，相比而言，该词在元代使用比率略高，但是也仅为3%，可见该词在近代汉语使用比率一直很低；"苦死"至迟出现在唐代，如杜甫《送孔巢父谢病归游江东兼赠李白》诗："惜君只欲苦死留，富贵何如草头露。"该词在近代汉语中的使用比率一直都很低，都不足3%；"连忙"至迟出现在唐代，如《敦煌变文集》："杨妃闻语，连忙捧盏。"在唐代使用比率超过5%，是同类词中的次常用成员，该词在宋元明时期使用比率都很低，宋代使用比率极低，以至于《语类》中没有出现，在其余两个时期，使用比率也不足4%，可见该词在近代汉语中古使用比率不稳定；"硬"至迟出现在宋代，如《语类·卷十三》：先生曰："既是父要公习举业，何不入郡学。日则习举业，夜则看此书，自不相妨，如此则两全。硬要咈父之命，如此则两败，父子相夷矣，何以学为！"在宋元时期使用比率一直超过20%，是同类词中的常用成员，但是这个词在明代使用比率就低于5%，不再属于常用成员，可见这个词在近代汉语中一直不稳定。

总之，通过上表可以看出，唐代，表极力、着急类情状方式副词常用成员为：苦；宋代，表极力、着急类情状方式副词常用成员为：苦、硬；元代，表极力、着急类情状方式副词常用成员为：好生2、苦、硬；明代，表极力、着急类情状方式副词常用成员为：百般、好好、好生 2。

六 表徒然

元代表徒然类时间副词共计 8 个，具体如下：

干（99）、空（69）、空自（13）、徒（123）、枉（83）、枉自（9）、白（25）、徒自（1）

这些副词在近代汉语中的使用状况如下表：

词/比率/时代	唐	宋	元	明	备注
白	—	5.0%	1.6%	19.1%	
干	7.7%	0	6.5%	20%	
空	92.3%	39.7%	4.5%	47.3%	
空自	0	0.7%	0.9%	3.6%	
徒	0	28.7%	80.3%	3.6%	
徒自	—		0.1%	0	
枉	0	16.7%	5.5%	0	
枉自	—	—	0.6%	2.7%	

"干、空、空自、徒、枉、枉自"产生于上古或中古，"白、徒自"产生于近代。"干"在近代汉语中使用比率不稳定，唐代使用比率为 7%，是同类词中次常用成员，宋代使用比率很低，以至于在《语类》中没有出现，元代使用比率高于 5%，属于同类词中的次常用成员，明代使用比率为 20%，属于同类词中的常用成员；"空"在近代汉语中使用比率一直很不稳定，在唐宋明时期使用比率一直在 40%左右，属于同类词中常用成员，但是在元代使用比率一直很低，不高于 5%；"空自"和"枉自"在近代汉语中使用比率一直很低，相对而言，明代比率高一些，但是也低于 5%，"空自"在唐代使用比率极低，以至于《变文》中没有出现，"枉自"在唐宋时期使用比率极低，以至于《变文》《语类》中都没有出现；"徒"在近代汉语中的使用比率一直不稳定，该词在唐代使用比率极低，以至于《变文》中

没有出现,该词在宋元时期使用比率超过20%,是同类词中的常用成员,尤其是在元代,使用比率超过80%,是同类词中最常用的成员,该词在明代,使用比率不足4%;"枉"在近代汉语中的使用比率也不稳定,在唐明时期使用比率极低,以至于《变文》《金》中没有出现,宋代使用比率超过15%,属于同类词中的常用成员,元代使用比率超过5%,属于同类词中的次常用成员。"白"至迟出现在宋代,如《语类·卷九》:"人生天地间,都有许多道理。不是自家硬把与他,又不是自家凿开他肚肠,白放在里面。"宋代使用比率为5.0%,属于同类词中的次常用成员,元代使用比率下降,不足2%,明代使用比率接近20%,属于同类词中的常用成员,可见,该词自产生以来,使用比率一直不稳定;"徒自"至迟出现在元代,使用比率极低,仅为0.1%,明代使用比率更低,以至于在《金》中没有出现。

总之,通过上表可以看出,唐代,表徒然类情状方式副词常用成员为:空;宋代,表徒然类情状方式副词常用成员为:空、枉;元代,表徒然类情状方式副词常用成员为:徒;明代,表徒然类情状方式副词常用成员为:白、干、空;可见,"空"除元代以外,在近代汉语中一直是同类词中的常用成员。

七 表直接、只顾

元代表直接、只顾类的情状方式副词共计13个,具体如下:

的管(2)、径(6)、径直(2)、一径(6)、一就(6)、一味(12)、则管(10)、则管里(6)、只管(7)、只管里(3)、子管(5)、子管里(3)、直2(74)

这些副词在近代汉语中的使用状况如下表:

词/比率/时代	唐	宋	元	明	备注
的管	—	—	1.4%	0	
径	0	23.1%	4.2%	0	
径直	—	—	1.4%	0	
一径	—	—	4.2%	0	

续表

词/比率/时代	唐	宋	元	明	备注
一就	—	—	4.2%	0	
一味	—	—	8.5%	3.8%	
则管	—	—	7.0%	0	
则管里	—	—	4.2%	0	
只管	—	—	4.9%	5.0%	
只管里	—	—	2.1%	0	
子管	—	—	3.5%	0	
子管里	—	—	2.1%	0	
直2	95.5%	74.4%	52.1%	44.1%	

"径、直2"产生于上古或中古，"的管、径直、一径、一就、一味、则管、则管里、只管、只管里、子管、子管里"产生于近代。"径"在近代汉语时期使用比率一直不稳定，在唐元明三个时期使用比率一直很低，唐明时期使用比率极低，以至于《变文》《金》中都没有出现，元代使用比率仅为4.2%，但是宋代使用比率超过20%，是同类词中的常用成员；"直2"在近代汉语中使用比率一直很高，超过40%，是同类词中的常用成员，尤其是在唐代超过90%，宋代超过70%，是同类词中的最常用成员；来源于近代汉语中的此类副词全部产生于元代，使用比率也都比较低，只有"一味"和"则管"在元代使用比率超过5%，属于同类词中比较常用的成员；"只管"只在明代使用比率超过5%，属于同类词中比较常用的成员。其中"的管、径直、一径、一就、则管、则管里、只管里、子管、子管里"在明代使用比率极低，以至于《金》中没有出现。

总之，通过上表可以看出，唐代，表直接、只顾类情状方式副词常用成员为：直2；宋代，表直接、只顾类情状方式副词常用成员为：径、直2；元代，表直接、只顾类情状方式副词常用成员为：直2；明代，表直接、只顾类情状方式副词常用成员为：直2；可见，"直2"在近代汉语时期，一直是同类词中的常用成员。

八 表重复

元代表重复类情状方式副词共计17个，具体如下：

常（126）、重（39）、重复（1）、重新（2）、重行（2）、从新（6）、反复（3）、将2（1）、累（14）、累次（11）、屡（12）、屡次（1）、频（111）、频频（20）、时时（14）、再三（23）、再四（2）

这些副词在近代汉语中的使用状况如下表：

词/比率/时代	唐	宋	元	明	备注
常	0	69%	32.6%	31.9%	
重	20.0%	6.7%	10.1%	9.4%	
重复	0	0.4%	0.5%	0.2%	
重新	0	0.7%	0.5%	0.7%	
重行	0	0.1%	1.6%	0	
从新	—	0.1%	0.3%	8.1%	
反复	0	0	7.8%	0	
将2			0.3%	0	
累	0.6%	0.3%	3.6%	0	
累次	0	0	2.8%	0.3%	
屡	0	3.6%	3.1%	0.8%	
屡次	—	—	0.3%	0	
频	30.4%	0.4%	28.7%	4.0%	
频频	0	0.1%	5.2%	1.0%	
时时	6.9%	2.3%	3.6%	0.3%	
再三	15.0%	3.4%	5.9%	19.5%	
再四	—	—	0.5%	0.7%	

"常、重、重复、反复、累、累次、屡、频、频频、时时、再三"产生于上古或中古，"重新、重行、从新、将2、屡次、再四"产生于近代。"常"在宋元明时期使用比率一直很高，属于同类词中的常用成员，尤其是在宋代比率超过60%，是同类词中最常用的成员，但是在唐代比率极低，以至于《变文》中没有出现，该词自宋代开始比

率呈下降趋势;"重"在近代汉语中使用比率不稳定,在宋明时期使用比率超过5%,属于同类词中的次常用成员,唐元时期,使用比率超过10%,属于常用成员;"重复"、"反复"、"累"、"累次"、"频频"在近代汉语中使用比率都不高,"重复"在唐代使用比率最低,以至于《变文》中没有出现,"反复"在唐宋明时期使用比率都极低,以至于《变文》《语类》《金》中都没有出现,"累"在明代使用比率极低,以至于《金》中没有出现,"累次"在唐宋时期使用比率极低,以至于《变文》《语类》中没有出现,"频频"在唐代使用比率最低,以至于《变文》中没有出现,相对而言,这些副词在元代使用比率要高于其他时代,其中"反复"、"频频"在元代使用比率超过5%,属于同类词中的次常用成员;"屡"在近代汉语中的使用比率一直很低,唐代使用比率最低,以至于《变文》中没有出现,相对而言,宋代使用比率要高于其他时代,但也仅为3.6%;"频"在近代汉语中使用比率不稳定,仅仅在唐元代使用比率超过10%,是同类词中的常用成员,在其他时代使用比率都不高于5%;"时时"在近代汉语中使用比率一直不高,仅仅在唐代使用比率高于5%,属于同类词中比较常用的成员,其他时代比率都低于4%;"再三"在近代汉语中使用比率不稳定,在宋代比率比较低,仅为3.4%,元代使用比率超过5%,属于次常用成员,在唐明时期使用比率超过10%,属于常用成员;"重新"至迟出现在唐代,如李洞《龙州韦郎中先梦六赤,后因打叶子以诗上》:"宝帖牵来狮子镇,金盆引出凤凰倾。微黄喜兆庄周梦,六赤重新掷印成。"自产生以来,该词在近代汉语中使用比率一直很低,都不足1%,唐代使用比率最低,以至于《变文》中没有出现;"重行"至迟出现在唐代,如《全唐文·卷一百十五》):"今后宰臣使相,朝见辞谢,并于崇元门内,与诸官重行异位,一时列拜,假开横行,即从旧例。"自产生以来,在近代汉语中使用比例一直很低,唐明时期使用比率极低,以至于《变文》《金》中没有出现,相对而言,元代使用比率略高,但也不足2%;"从新"至迟出现在宋代,如:文天祥《与赣州属县宰》:"郡家禀使者之命,欲於十县从新整刷一番。"该词在明代使用比率超过5%,属于同类词中的次常用成员，宋元时期使用比率均低于2%，可见，该词在近代汉语中使用比率一直不高；"将2"、"屡次"、"再四"至迟产生于元代，在元明时期使用比率一直很低，"将2"、"屡次"明代使用比率极低，以至于《金》中没有出现，"再四"明代的使用比率要高于元代的使用比率。

总之，通过上表可以看出，唐代，表重复类情状方式副词常用成员为：重、频、再三；宋代，表重复类情状方式副词常用成员为：常；元代，表重复类情状方式副词常用成员为：常、重、频；明代，表重复类情状方式副词常用成员为：常、再三；可见，"常"除唐代之外，在近代汉语中一直是同类词中的常用成员。

第五节　否定副词

元代的否定副词分为单纯否定、对已然的否定、对判断的否定和禁止4类，具体分析如下。

一　单纯否定

元代这类副词共出现8个，均为上古或中古产生的，如下：

不（10908）、不必（8）、不须（56）、弗（12）、靡（4）、莫1（80）、无（4217）、勿1（31）

这些副词在近代汉语中的使用状况如下表：

词/比率/时代	唐	宋	元	明	备注
不	89.7%	92.9%	71.2%	97.9%	
不必	0.1%	0.8%	0.1%	0.6%	
不须	0.1%	0	0.4%	0.1%	
弗	0	0.2%	0.1%	0.1%	
靡	0	0	0.1%	0	
莫1	9.0%	2.0%	0.6%	0	
无	0	3.0%	27.5%	0.1%	
勿1	0	0	0.2%	0	

"不、不必、不须、弗、靡、莫1、无、勿1"都产生于上古或中古。"不"在近代汉语中使用比率一直很高，使用比率都在70%以上，是同类词中最常用的成员；"不必"、"不须"在近代汉语中使用比率一直很低，都不足1%，其中，"不须"在宋代使用比率极低，以至于《语类》中都没有出现；"弗"、"靡"、"勿1"虽然在上古已经出现，但是在《变文》中没有出现，并且"靡"、"勿1"在《语类》中依然没有出现，这4个词在近代汉语中的使用比率也很低，都不足1%。"莫1"在宋元明时期使用比率一直很低，不足5%，但是在唐代使用比率为9.0%，是同类词中次常用成员，可见，该词在近代汉语中使用比率并不稳定；"无"在唐宋明时期使用比率一直很低，尤其是唐代使用比率极低，以至于《变文》中没有出现，但是该词在元代使用比率为27.5%，是同类词中的常用成员，可见该词在近代汉语中使用比率不稳定。

总之，通过上表可以看出，唐代，单纯否定类副词常用副词为：不；明代，单纯否定类副词常用副词为：不；元代，单纯否定类副词常用副词为：不、无；明代，单纯否定类副词常用副词为：不；可见"不"在近代汉语中一直是同类词的常用成员。

二 对已然的否定

元代对已然的否定副词有4个，具体如下：
不曾（290）、未（922）、未曾（35）、未尝（21）
这些副词在近代汉语中的使用状况如下表：

词/比率/时代	唐	宋	元	明	备注
不曾	13.9%	20.3%	22.9%	21.2%	
未	79.7%	67.0%	72.7%	31.7%	
未曾	0	17.5%	2.8%	2.5%	
未尝	0	7.1%	1.7%	0.1%	

这些副词全部产生于上古或中古，"不曾"在近代汉语中使用比率还算比较稳定，一直在10%—30%之间，是同类词中的常用成员；

"未"在近代汉语中的使用比率一直高于30%，是同类词中的常用成员，其中唐元时期都高于70%，是同类词中最常用的成员；"未曾"在近代汉语中的使用比率一直不稳定，唐代使用比率极低，以至于《变文》中没有出现，元明时期比率一直低于5%，只有宋代使用比率高于15%，是同类词中的常用成员；"未尝"在近代汉语中使用比率一直不高，只在宋代比率超过5%，属于同类词中的次常用成员，唐代使用比率极低，以至于《变文》中没有出现。

总之，通过上表可以看出，唐代，对已然的否定类副词常用成员为：不曾、未；宋代，对已然的否定类副词常用成员为：不曾、未、未曾；元代，对已然的否定类副词常用成员为：不曾、未；明代，对已然的否定类副词常用成员为：不曾、未；可见，"不曾、未"在近代汉语中一直是同类词中的常用成员。

三　对判断的否定

元代判断类否定副词只有1个：

非（691）

这个副词在近代汉语中的使用状况如下表：

词/比率/时代	唐	宋	元	明	备注
非	100%	100%	100%	100%	

这个词在近代汉语中具有唯一性，有人曾指出"不是"也具有否定判断的作用，所以近代汉语中判断类否定副词应该有两个。杨荣祥对此做过专门论述，我们认为"不是"并不是一个词，而是"不"对"是"所引导的判断句的整个否定，所以不能算做一个词。

四　禁止

元代禁止类词共有10个，具体如下：

别（1）、不要（51）、没（505）、莫2（132）、勿2（21）、毋（38）、毋得（16）、毋致（14）、毋令（4）、休（1209）

这些副词在近代汉语中的使用状况如下表：

第三章 元代副词使用概况　　123

词/比率/时代	唐	宋	元	明	备注
别	—	—	0.05%	0.3%	
不要	0	0	2.5%	9.3%	
没	0	0	25.4%	0.2%	
莫2	0	0	6.6%	8.1%	
勿2	97.6%	83.6%	1.1%	1.4%	
毋	0	16.1%	1.9%	0	
毋得	—	—	0.8%	0.2%	
毋致	—	—	0.7%	0	
毋令	—	—	0.2%	0	
休	0	0.3%	60.7%	46.0%	

"毋、莫2、勿2"产生于上古或中古，"别、不要、没、毋得、毋致、毋令、休"产生于近代。从上表可以看出，"毋"在近代汉语中使用比率一直不稳定，唐明时期使用比率极低，以至于《变文》《金》中没有出现，宋代使用比率超过10%，属于同类词中的常用成员，元代使用比率急剧下降，不到3%；"莫2"在近代汉语中使用比率一直不高，唐宋时期使用比率极低，以至于《变文》和《语类》中没有出现，元代使用比率超过5%，属于同类词中的次常用成员，相对而言，明代使用比率最高，但仅为8.1%，属于同类词中的次常用成员；"勿2"在近代汉语中使用比率很不稳定，在唐宋时期使用比率在80%以上，是同类词中最常用的成员，但在元明时期使用比率一直很低，都不足2%；"别"、"毋得"、"毋致"、"毋令"这几个词都至迟出现在元代，在近代汉语中的使用比率很低，"毋致"、"毋令"二者在明代使用比率极低，以至于《金》中没有出现；"不要"产生于唐代，如杜甫《八哀诗·故秘书少监武功苏公源明》："不要悬黄金，胡为投乳赞？"但是唐代使用比率极低，以至于《变文》中没有出现，该词在元代使用比率很低，不足3%，但是该词在明代比率上升到"9.3%"，属于同类词次常用成员，可见该词在近代汉语中使用比率不稳定；"没"至迟出现在唐代，如袁晖《三月闺情》诗："蛾眉愁自结，鬓发没情梳。"但是唐宋时期使用比率极低，以至于

《变文》和《语类》中都没有出现,元代使用比率高于25%,是同类词中的常用成员,但是该词在明代使用比率很低,仅为0.2%,可见,该词在近代汉语中使用比率极为不稳定;"休"至迟出现在唐代,如杜甫《诸将》诗之三:"洛阳宫殿化为烽,休道秦关百二重。"但是该词在唐宋时期使用比率很低,尤其是唐代使用比率极低,以至于《变文》中没有出现,元明时期使用比率都在40%以上,是同类词中的常用成员,尤其是元代,使用比率超过60%,是同类词中最常用的成员。

总之,通过上表可以看出,唐代,禁止类否定副词常用成员为:勿2;宋代,禁止类否定副词常用成员为:勿2、毋;元代,禁止类否定副词常用成员为:没、休;明代,禁止类否定副词常用成员为:休。可见,唐宋时期"勿2"是比较常用的成员,元明时期"休"是比较常用的成员。

第六节 语气副词

我们根据元代副词所表达语气的不同,将元代语气副词分为确认强调类、委婉推断类、疑问反诘类和评价类四种语气,具体分析分析如下。

一 确认强调类

元代确认强调类副词共计50个,具体如下:

本(41)、本来(4)、必(156)、必当(4)、必定(5)、必然(13)、必须(32)、便(44)、并(23)、畅2(12)、诚(27)、到底2(34)、的(156)、定(87)、端的(61)、端实(2)、顿然2(1)、分明(49)、敢不(14)、固(26)、果(89)、果必(5)、果然(44)、绝2(95)、决(59)、决定(8)、决然(3)、乃(34)、偏(53)、其实(29)、恰便(59)、千万(40)、切(69)、全2(19)、全然(4)、实(78)、实实(7)、是必(17)、死活(5)、

委（34）、委实（39）、幸实（1）、须索（15）、元来（48）、原来（44）、则（23）、真（93）、真个（43）、直3（120）、自（11）、自然（46）、足以（6）

这些副词在近代汉语中的使用状况如下表：

词/比率/时代	唐	宋	元	明	备注
本	0	16.7%	2.0%	0	
本来	3.4%	0.6%	0.2%	0.01%	
必	0	0.5%	7.6%	2.1%	
必当	0	0.2%	0.2%	0	
必定	3.4%	0.1%	0.2%	0.2%	
必然	0.2%	0	0.6%	0.5%	
必须	0	0	1.6%	0.2%	
便	12.6%	6.1%	2.1%	1.6%	
并	3.6%	0.2%	1.1%	2.2%	
畅2	—	—	0.6%	0	
诚	0	0.3%	1.3%	0.5%	
到底2	0	0.1%	1.7%	0	
的	7.2%	0	7.7%	0	
定	5.6%	2.3%	4.4%	1.5%	
端的	0.2%	0.2%	3.0%	2.1%	
端实	—	—	0.1%	0	
顿然2		0	0.2%	0	
分明	0	3.3%	2.4%	0	
敢不		—	0.7%	0	
固	0	10.2%	1.3%	0	
果	0	1.9%	4.4%	0.7%	
果必	—	—	0.2%	0	
果然	1.4%	0.1%	2.2%	2.5%	
绝2	0	0.7%	4.7%	0.3%	
决	0	1.5%	2.9%	0.3%	
决定	0	0.3%	0.4%	0	
决然	0	0.2%	0.1%	0.01%	

续表

词/比率/时代	唐	宋	元	明	备注
乃	0	0	1.7%	0	
偏	0	0.1%	2.6%	0	
其实	—	1.5%	1.4%	3.0%	
恰便	—	—	2.9%	0	
千万	0.7%	0	2.0%	0.4%	
切	7.9%	0	3.4%	0	
全2	0	0.5%	0.9%	0	
全然	0	0.2%	0.2%	1.8%	
实	0	6.2%	3.8%	1.7%	
实实	—	—	0.3%	0	
是必	0	0.01%	0.8%	0	
死活	—	—	0.2%	0	
委	—	0	1.7%	0.1%	
委实	—	0	1.9%	0.1%	
幸实	—	—	0.1%	0	
须索	0	0	0.7%	0	
元来	0	0	2.4%	0	
原来	—	—	2.2%	0	
则	0	0	1.1%	0	
真	1.8%	1.8%	4.6%	0.6%	
真个	0	1.5%	2.1%	2.1%	
直3	0	0	5.9%	0.1%	
自	0	9.1%	0.5%	3.4%	
自然	9.3%	6.7%	2.3%	0.2%	
足以	0	0	0.3%	0	

"本、本来、必、必当、必定、必然、必须、便、并、诚、定、分明、固、果、果然、决、决定、决然、绝2、乃、偏、恰1、切、全2、全然、实、则、真、正、直3、自、自然、足以"来源于上古或中古，"畅2、到底2、的、端的、端实、顿然2、敢不、果必、其实、恰便、千万、实实、是必、死活、委、委实、幸实、须索、元

来、原来、真个"来源于近代。"本"在唐代使用比率极低,以至于《变文》中没有出现,但是宋代使用比率中超过10%,是同类词中的常用成员,元代使用比率仅为2%,明代使用比率极低,《金》中没有出现,可见,该词在近代汉语中使用比率并不稳定;"本来",相对于其他时代而言,该词在唐代的使用比率要稍高,但仍不足5%,可见该词在近代汉语中使用比率也一直很低。"必"在唐代使用比率极低,以至于《变文》中没有出现,宋明时期使用比率不足3%,元代使用比率达到7.6%,是同类词中的次常用成员,可见这个词在元代使用比率最高。"必当"在唐明时期使用比率极低,以至于《变文》和《金》中都没有出现,在宋元时期使用比率也一直很低,都不足3%,可见这个词在近代汉语中一直处在边缘行列;"必定",相对于近代汉语其他时代而言,在唐代的使用比率要高于近代汉语其他时期,但也仅仅为3.4%,可见该词在近代汉语中同类词中使用比率一直不高;"必然"在近代汉语中使用比率一直很低,尤其是在宋代更低,以至于《语类》中没有出现,但是这个词在现代汉语中使用比率则相对比较高;"必须"在唐宋时期使用比率都极低,以至于《变文》和《语类》中都没有出现,元代使用比率为仅仅为1.6%,明代使用比率仅仅为0.2%,可见元代使用比率相对较高,但是在该词在近代汉语中的使用比率一直不高,在现代汉语中使用比率则相对较高一些;"便"在近代汉语中使用比率一直是下降的趋势,唐代使用比率超过10%,是同类词中的常用成员,宋代使用比率超过5%,是同类词中的次常用成员,元代使用比率下降很快,仅仅为2.1%,明代使用比率下降为1.6%,在现代汉语中已经很少出现。"并"在近代汉语中,使用比率一直很低,相对而言,唐代稍微高一些,但是仍然不足5%,可见这个词在近代汉语中一直处在边缘行列;"诚"在唐代使用比率极低,以至于在《变文》中没有出现,在近代汉语其他时期使用比率也一直很低,相对而言,元代使用比率略高,但是也仅仅为1.3%,可见,该词在近代汉语中一直处在边缘状态,在现代汉语中很少单独出现,使用比率很低;"定"在唐代使用比率超过5%,是同类词中次常用成员,该词在其他时代使用比率都低于5%,可见这个词在近代汉语中使用比率并不稳定；"分明"在唐明使用比率极低，以至于《变文》和《金》中都没有出现，该词在宋元时期使用比率也一直很低，都不足5%，可见这个词在近代汉语中使用比率一直很低。"固"在唐明时期使用比率极低，以至于《变文》和《金》中没有出现，该词在宋代使用比率超过10%，是同类词中的常用成员，在元代使用比率仅仅为1.3%，可见该词在近代汉语中使用比率很不稳定；"果"在唐代使用比率极低，以至于在《变文》中没有出现，在近代汉语其他时期使用比率也一直很低，相对而言，元代比率略高，但也不足于5%；"果然"在近代汉语中使用比率虽然比较稳定，但是一直不高，相对而言明代略高，但也不足3%，该词在现代汉语中使用比率比较高；"绝2"在唐代使用比率极低，以至于在《变文》中都没有出现，相对而言，元代使用比率略高，但也仅为4.3%，可见该词在近代汉语中使用比率一直很低；"决"在唐代使用比率极低，以至于在《变文》中没有出现，相对而言，元代使用比率稍高，但也不足3%，可见该词在近代汉语中使用比率一直很低；"决定"在唐明时期使用比率极低，以至于在《变文》和《金》中没有出现，该词在近代汉语其他时期使用比率也都不足1%，可见这个词在近代汉语中使用比率很低；"决然"在唐代使用比率极低，以至于在《变文》中都没有出现，该词在近代汉语其他时期使用比率也都很低，都不足1%；"乃"在唐、宋、明时期使用比率一直极低，以至于在《变文》《语类》《金》中都没有出现，该词在元代使用比率也仅为1.7%，可见该词在近代汉语中使用比率一直很低；"偏"在唐、明时期使用比率一直极低，以至于在《变文》《金》中都没有出现，相对而言，该词在元代的使用比率稍高，但也仅为2.6%，可见该词在近代汉语中使用比率一直很低；"切"在唐代使用比率超过5%，属于同类词中的次常用成员，该词在宋明时期使用比率极低，以至于在《语类》《金》中没有出现，该词在元代的使用比率也很低，仅为3.4%，可见这个词在近代汉语中使用比率很不稳定；"全2"在唐、明时期使用比率一直极低，以至于在《变文》《金》中都没有出现，该词在宋元时期使用比率也都不足1%，可见该词在近代汉语中使用比率一直很低；"全然"在唐代使用比率极低,以至于在《变文》中都没有出现,相对而言,明代使用比率比较高,但也不足2%,可见该词在近代汉语中使用比率也比较低;"实"在唐代使用比率极低,以至于《变文》中都没有出现,宋代,该词使用比率超过5%,属于同类词中的次常用成员,但是元明时期使用比率则比较低,都不足4%,可见该词在近代汉语中使用比率一直不稳定;"则"在唐、宋、明时期使用比率一直极低,以至于在《变文》《语类》《金》中都没有出现,在元代使用比率也仅仅为1.1%,可见,该词在近代汉语中使用比率一直很低;"真"在近代汉语中使用比率一直比较低,相对而言,元代使用比率略高,但也仅有4.6%;"直"在唐、宋时期使用比率一直极低,以至于在《变文》《语类》中都没有出现,该词在元代使用比率比较高,超过5%,属于同类词中的次常用成员,但是明代该词使用比率很低,仅为0.1%,可见,该词在近代汉语中使用比率很不稳定;"自"在唐代使用比率极低,以至于在《变文》中都没有出现,该词在宋代使用比率达到9.1%,属于同类词中的次常用成员,但是该词在元、明时期使用比率一直都低于5%,可见该词在近代汉语中使用比率并不稳定;"自然"在唐代使用比率达到9.3%,属于同类词中的常用成员,该词在宋代使用比率依然高于5%,属于同类词中的常用成员,自宋代之后,使用比率越来越低,并且不再高于5%,可见这个词在近代汉语中使用比率一直呈现下降趋势,相对而言,该词在现代汉语中使用比率比较高;"足以"在唐、宋、明时期使用比率一直极低,以至于在《变文》《语类》《金》中都没有出现,在元代使用比率也仅仅为0.3%,可见,该词在近代汉语中使用比率一直很低;"畅"至迟出现在元代,在元代使用比率很低,在明代使用比率更低,以至于《金》中没有出现;"到底2"相当于"毕竟",至迟出现在唐代,如李山甫《秋》诗:"邹家不用偏吹律,到底荣枯也自均。"该词在唐明时期使用比率极低,以至于《变文》和《语类》中都没有出现,该词在宋元时期使用比率也很低,都不足2%,可见该词在近代汉语中使用比率一直很低,在现代汉语中使用比率有所上升;"的"至迟出现在唐代,如白居易《百日假满》诗:"但拂衣行莫迴顾,的无官职趁人来。"该词在唐、元时期使用比率都超过7%，属于同类词中的次常用成员，但是该词在宋、明时期使用比率极低，以至于在《语类》《金》中都没有出现，可见该词在近代汉语中使用比率极不稳定，该词在现代汉语中已经消失；"端的"至迟出现唐代，如《敦煌变文》："端的忽然知去处，将身愿入法王家。"相对而言，该词在元代使用比率略高，但是不足5%，可见该词在近代汉语中使用一直很低，在现代汉语中已经消失。"端实"至迟出现在元代，在元代使用比率很低，仅为0.1%，该词在明代使用比率更低，以至于《金》中没有出现，在现代汉语中已经消失；"顿然2"至迟出现在宋代，如沉括《梦溪笔谈·象数一》："然时有始末，岂可三十度闲阴阳皆同，至交他宫则顿然差别？"该词在宋明时期使用比率极低，以至于《语类》《金》中都没有出现，该词在元代使用比率仅为0.1%，可见，该词在近代汉语时期使用比率一直很低，该词在现代汉语中已经消失了；"敢不"至迟出现在元代，但在元代使用比率不足1%，该词在明代使用比率更低，以至于《金》中没有出现，可见该词在近代汉语中使用比率一直很低，该词在现代汉语中使用比率有所升高；"果必"至迟出现在元代，在元代使用比率不足1%，在明代使用比率更低，以至于《金》中没有出现，可见该词在近代汉语中使用比率一直很低，该词在现代汉语中已经消失；"其实"至迟出现在宋代，如宋孔平仲《续世说·直谏》："帝召学士马裔孙谓曰：'在德语太凶，其实难容。'"相对而言，该词在明代使用比率略高，但也仅仅为3%，可见该词在近代汉语中使用比率一直不高；"恰便"至迟出现在元代，在元代使用比率不足3%，在明代使用比率更低，以至于《金》中没有出现，可见该词在近代汉语中使用比率一直很低，该词在现代汉语中已经消失；"千万"至迟出现在唐代，如元稹《莺莺传·卷上》："千万珍重，珍重千万！"但是该词在唐代使用比率仅为0.7%，该词在宋代使用比率极低，以至于《语类》中没有出现，相对而言，该词在元代使用比率略高，但是也不足3%，可见该词在近代汉语中使用比率一直很低，该词在现代汉语中使用比率要稍高一些；"实实"至迟出现在元代，在元代使用比率不足1%，在明代使用比率极低，以至于《金》中没有出现，可见该词在近代汉语中使用比率一直很低，该词在现代汉语中已经消失；"是必"至迟出现在唐代，但是唐明时期使用比率极低，以至于《变文》和《金》中都没有出现，该词在宋代使用比率也很低，不足1%，该词元代使用比率也不足1%，可见该词在近代汉语中使用比率一直很低，该词在现代汉语中已经消失，在当代汉语中又被重新启用；"死活"至迟出现在元代，在元代使用比率不高，仅为0.2%，明代使用比率更低，以至于《金》中没有出现，可见该词在近代汉语中使用比率一直很低，该词在在现代汉语中使用比率略高；"委"至迟出现在宋代，如白居易《百日假满》诗："但拂衣行莫迴顾，的无官职趁人来。"该词在宋代使用比率极低，以至于在《语类》中没有出现，相对而言，该词在元代使用比率略高，但也不足2%，可见该词在近代汉语中使用比率一直很低，该词在现代汉语中已经消失；"委实"至迟出现在宋代，如司马光《辞免裁减国用札子》："况臣所修《资治通鉴》，委实文字浩大，朝夕少暇。"但是宋代使用比率极低，以至于《语类》中没有出现，相对而言，该词在元代使用比率略高，但是也不足2%，可见该词在近代汉语中使用比率一直很低，在现代汉语中使用比率也不高；"幸实"至迟出现在元代，但是元代使用比率仅为0.1%，在明代使用比率更低，以至于《金》中没有出现，可见该词在近代汉语中使用时间之短，使用比率之低，该词在现代汉语中已经消失；"须索"至迟出现在唐代，如《敦煌曲子词·洞仙歌》："拟铺鸳被，把人尤泥，须索琵琶从理。"该词在唐、宋、明时期使用比率极低，以至于在《变文》《语类》《金》中都没有出现，仅仅在元代使用比率为0.7%，可见该词在近代汉语中使用比率之低，该词在现代汉语中已经消失；"元来2"至迟出现在唐代，如方干《题赠李校书》诗："却是偶然行未到，元来有路上寥天。"该词在唐、宋、明时期使用比率极低，以至于在《变文》《语类》《金》中都没有出现，仅仅在元代使用比率为2.4%，可见该词在近代汉语中使用比率之低，该词在现代汉语中已经被"原来"代替。"原来"至迟出现在元代，但是在元代使用比率很低，仅为2.2%，该词在明代使用比率更低，以至于在《金》中没有出现，可见该词在近代汉语中使用比率之低,该词在现代汉语中使用比率升高;"真个"至迟出现在唐代,如:王维《酬黎居士浙川作》诗:"侬家真个去,公定随侬否。"但是在唐代使用比率极低,以至于《变文》中没有出现,相对而言,该词在明代使用比率略高,但也仅为2.1%,可见该词在近代汉语中使用比率之低,该词一直沿用到现代汉语中。

总之,通过上表可以看出,唐代,表示确认强调类的语气副词常用成员为:便;宋代,表示确认强调类的语气副词常用成员为:本;元代,表示确认强调类的语气副词在同类词中的使用比率都没有超过10%;明代,表示确认强调类的语气副词常用成员为:正2;可见,表示确认强调类的副词数量多,使用比较分散。

二 委婉推测类

元代表示委婉、推测类的语气副词共有23个,具体如下:

大抵(6)、大概(7)、大刚来(6)、大刚是(2)、大略(4)、多2(75)、多敢(5)、多管(22)、多应(2)、多则(2)、仿佛(511)、敢是(8)、敢则(2)、几乎(12)、怕(39)、怕不(43)、庶(15)、庶几(11)、未必(12)、未免(6)、想必(2)、约(57)、则怕(40)

这些副词在近代汉语中的使用状况如下表:

词/比率/时代	唐	宋	元	明	备注
大抵	0	7.1%	0.6%	0.8%	
大概	0	5.0%	0.7%	0	
大刚来	—	—	0.7%	0	
大刚是	—	—	0.2%	0	
大略	0	2.1%	0.4%	0	
多2	0	0	8.4%	1.9%	
多敢	—	—	0.6%	0	
多管	—	—	2.5%	0.2%	
多应	—	—	0.2%	0	

续表

词/比率/时代	唐	宋	元	明	备注
多则	—	—	0.2%	0	
仿佛	0	0.3%	57.4%	0	
敢是	—	—	0.9%	2.9%	
敢则	—	—	0.2%	0	
几乎	0	0.2%	1.3%	0.5%	
怕	0	0	4.3%	1.9%	
怕不	—	—	4.8%	0	
庶	0	0.7%	1.7%	2.9%	
庶几	0	1.1%	1.2%	0.4%	
未必	2.1%	5.4%	1.3%	1.2%	
未免	11.7%	1.3%	0.7%	2.9%	
约	12.8%	0	6.4%	18.5%	
想必	0	0	0.2%	7.8%	
则怕	0	0	4.5%	0	

"大抵、大概、大略、仿佛、几乎、怕、庶、庶几、未必、未免、约、则怕"产生于上古或中古，"大刚来、大刚是、多2、多敢、多管、多应、多则、敢是、敢则、怕不、想必"产生于近代。"大抵"在唐代使用比率极低，以至于《变文》中没有出现，该词在宋代使用比率超过5%，属于同类词中的次常用成员，该词在元明时期使用比率比较低，都不超过1%，可见该词在近代汉语中使用比率一直不稳定，在现代汉语中使用比率略高；"大概"在唐明时期使用比率极低，以至于《变文》和《金》中都没有出现，该词在宋代使用比率为5%，属于同类词中的次常用成员，该词在元代使用比率很低，不超过1%，可见该词在近代汉语中使用比率不稳定；"大略"在唐明时期使用比率极低，以至于《变文》和《金》中都没有出现，相对而言，该词在宋代使用比率稍高，但也仅仅为2.1%，可见该词在近代汉语中使用比率一直不高；"仿佛"在唐明时期使用比率极低，以至于《变文》和《金》中都没有出现，该词在宋代使用比率很低，仅为0.3%，该词在元代使用比率超过50%，成为同类词中最常用的成员，

可见该词在近代汉语中的使用比率极不稳定；"几乎"在唐代使用比率极低，以至于《变文》中没有出现，相对而言，该词在元代使用比率略高，但也不足2%，可见该词在近代汉语中使用比率一直不高，但是该词在现代汉语中使用比率有所上升；"怕"在唐宋时期使用比率极低，以至于《变文》《语类》中没有出现，相对而言，该词在元代使用比率较高，但也不足5%，可见该词在近代汉语中使用比率一直很低；"庶、庶几"在唐代使用比率极低，以至于《变文》中没有出现，二者在近代汉语其他时期使用比率也都不高于2%，可见在近代汉语中使用比率之低；"未必"，相对于其他时代，宋代使用比率最高，超过5%，属于同类词中的次常用成员，该词在近代汉语其他时期使用比率则一直比较低，都不高于3%；"未免"，相对于其他时代，唐代使用比率最高，超过10%，属于同类词中的常用成员，该词在近代汉语其他时期使用比率则一直比较低，都不高于3%，可见"未必、未免"二者在近代汉语中使用比率一直不稳定，但是二者都沿用到现代汉语中，在现代汉语中使用比率略高；"约"在唐明时期使用比率超过10%，属于同类词中的常用成员，该词在宋代使用比率极低，以至于在《语类》中没有出现，该词在元代使用比率达到6.4%，属于同类词中的次常用成员，可见该词在近代汉语中使用比率不稳定；"则怕"在唐、宋、明三个时期使用比率都很低，以至于在《变文》《语类》《金》中都没有出现，该词在元代使用比率也不高，仅为4.5%，可见该词在近代汉语中使用比率一直不高；"大刚来、大刚是"至迟出现在元代，在元代使用比率也很低，都不高于1%，二者在明代使用比率极低，以至于《金》中没有出现，二者在现代汉语中已经消失；"多2"至迟出现在唐代，如齐己《酬元员外见寄》诗："且有吟情挠，都无俗事煎。时闻得新意，多是此忘缘。"但是该词在唐宋明时期使用比率极低，以至于《变文》《语类》中没有出现，该词在元代使用比率达到8.4%，属于同类词中的次常用成员，该词在明代使用比率不足2%，可见该词自产生以来使用比率一直不稳定；"多敢、多管、多应、多则"至迟出现在元代，相对于明代，元代使用比率略高，但不足3%，可见，三者在近代汉语中使用比率一直不高;"敢是"至迟出现在元代,相对而言,明代使用比率较高,但不足3%,可见该词在近代汉语中使用比率一直很低;"敢则"至迟出现在元代,使用比率不高于1%,该词在明代使用比率更低,以至于在《金》中没有出现,可见二者在近代汉语中使用比率一直很低;"怕不"至迟出现在元代,使用比率不足5%,该词在明代使用比率更低,以至于在《金》中没有出现,可见该词在近代中使用比率一直很低;"想必"至迟出现在元代,但是在元代使用比率很低,不足1%,在明代使用比率超过5%,属于同类词中的次常用成员,该词沿用到现代汉语中,但是使用比率急剧下降,濒于消失。

总之,通过上表可以看出,唐代,委婉推测类语气副词常用成员为:未免、约;宋代,委婉推测类语气副词常用成员为:盖,该词在元代语料中未出现;元代,委婉推测类语气副词常用成员为:仿佛;明代,委婉推测类语气副词常用成员为:约。

三 疑问反诘类

元代疑问反诘类语气副词共计18个,具体如下:

何必(20)、何不(13)、何曾(33)、何苦(2)、何须(40)、几曾(41)、可(23)、莫3(21)、莫不(33)、莫不是(36)、莫非(8)、末不(13)、那曾(2)、难道(23)、怕不待(17)、岂(217)、岂止(4)、早难道(17)

这些副词在近代汉语中的使用状况如下表:

词/比率/时代	唐	宋	元	明	备注
何必	19.0%	4.3%	3.3%	19.5%	
何不	0	3.0%	2.1%	15.2%	
何曾	50.8%	1.5%	5.5%	1.6%	
何苦	0	0.3%	0.3%	0.5%	
何须	0	0.7%	6.6%	0.9%	
几曾	—	0.2%	6.8%	0.7%	
可	12.7%	22.2%	7.1%	0	

续表

词/比率/时代	唐	宋	元	明	备注
莫3	0	0	3.8%	0.2%	
莫不	—	—	5.5%	15.9%	
莫不是	—	—	5.9%	1.1%	
莫非	0	0	1.3%	1.4%	
末不	0	0	2.2%	0	
那曾	—	0.9%	0.3%	0	
难道	—	—	3.8%	2.7%	
怕不待	—	—	2.8%	0	
岂	0	48.6%	36.0%	18.5%	
岂止	—	—	0.6%	0	
早难道	—	—	0.2%	0	

"何必、何不、何曾、何苦、何须、可、莫3、末不、岂"产生于上古或中古，"几曾、那曾、难道、莫不、莫不是、莫非、怕不待、岂止、早难道"产生于近代。"何必"在唐明时期使用比率超过10%，属于同类词中的常用成员，该词在宋元时期使用比率则都不足5%，可见，该词在近代汉语时期使用比率很不稳定；"何不"在唐代使用比率极低，以至于《变文》中没有出现，该词在宋元时期使用比率也不高，都不足4%，该词在明代使用比率最高，达到15.2%，属于同类词中的常用成员，可见，该词在近代汉语时期使用比率很不稳定；"何曾"在唐代使用比率超过50%，属于同类词中的最常用成员，该词在宋、明时期使用比率一直低于2%，但是，该词在元代使用比率超过5%，属于同类词中的次常用成员，可见该词在近代汉语时期极不稳定；"何苦"在唐代使用比率极低，以至于《变文》中没有出现，该词在宋、元、明时期使用比率都不超过1%，可见该词在近代汉语中使用比率一直很低；"何须"在唐代使用比率极低，以至于《变文》中没有出现，该词在宋、明时期使用比率都不超过1%，该词在元代使用比率达到6.6%，属于同类词中的次常用成员，可见该词在近代汉语中使用比率不稳定；"可"在唐明时期使用比率超过

10%，尤其宋代超过 20%，属于同类词中的常用成员，自宋代以后，该词使用比率急剧下降，该词在元代的使用比率仅为 7.1%，属于同类词中的次常用成员，该词在明代使用比率极低，以至于在于《金》中没有出现，可见该词在近代汉语中使用比率很不稳定；"莫 3"在唐、宋时期使用比率一直极低，以至于《变文》《语类》中都没有出现，相对而言，该词在元代的使用比率略高，但是也仅为 3.8%，可见该词在近代汉语时期使用比率一直比较低；"未不"在唐、宋、明时期使用比率一直极低，以至于《变文》《语类》《金》中都没有出现，该词在元代的使用比率仅为 2.2%，可见该词在近代汉语时期使用比率一直很低；"岂"在唐代使用比率极低，以至于《变文》中没有出现，该词在宋、元、明时期使用比率一直比较高，尤其是在宋代，使用比率超过 40%，在近代汉语后期一直属于同类词中的常用成员；"几曾"至迟出现在宋代，如史达祖《临江仙》词："倦客如今老矣，旧游可奈春何！几曾湖上不经过。"该词在宋明时期使用比率，都不超 1%，该词在元代使用比率较高，达到 6.8%，属于同类词中的次常用成员，可见该词在近代汉语时期，使用比率并不稳定；"那曾"至迟出现在宋代，如《语类·卷九》："许多道理，皆是人身自有底。虽说道昏，然又那曾顽然恁地暗！"该词在宋明时期使用比率很低，不足 1%，该词在明代使用比率更低，以至于《金》中没有出现，可见该词在近代汉语中使用比率一直很低；"难道"至迟出现在元代，相对而言，该词在元代使用比率略高，但不足 3%，可见该词在近代汉语中使用比率一直很低；"莫不"至迟出现在元代，该词在元代使用比率超过 5%，属于同类词中的次常用成员，该词在明代使用比率达到 15.9%，属于同类词中的常用成员，可见该词在近代汉语中使用比率比较高；"莫不是"至迟出现在元代，该词在元代使用比率高于 5%，属于同类词中的次常用成员，该词在明代使用比率很低，仅为 1.1%，可见，该词在近代汉语中使用比率比较低；"莫非"至迟出现在元代，该词在元明时期使用比率度很低，都不足 2%，可见该词在近代汉语中使用比率比较低，但在现代汉语时期，使用比率有所提高；"岂止"至迟出现在元代，在元代使用比率仅为 0.6%，该词在明代使用比率更低,以至于《金》中没有出现,可见该词在近代汉语中使用比率一直很低,但是在现代汉语中使用比率上升;"早难道"至迟出现在元代,在元代使用比率仅为0.2%,该词在明代使用比率更低,以至于《金》中没有出现,可见该词在近代汉语中使用比率一直很低。

总之通过上表看到,唐代,委婉、推测类语气副词的常用成员为:何必、何曾、可;宋代,委婉、推测类语气副词的常用成员为:可、岂;元代,委婉、推测类语气副词的常用成员为:岂;明代,委婉、推测类语气副词的常用成员为:何必、何不、岂、莫不。

四 评价类

元代表示评价类语气副词共计23个,具体如下:

反(13)、竟2(14)、亏(84)、恰(34)、却(46)、幸(89)、幸而(3)、正2(464)、不想(33)、畅道(6)、畅好(17)、倒(34)、颠倒(23)、多亏(1)、怪(3)、怪不得(1)、怪道(2)、还2(6)、亏杀(6)、恰好(12)、生(5)、幸然(7)、早是(44)

这些副词在近代汉语中的使用状况如下表:

词/比率/时代	唐	宋	元	明	备注
不想	—	—	3.2%	0	
畅道	—	—	0.6%	0	
畅好	—	—	1.7%	0	
颠倒	—	—	2.3%	0	
倒	2.6%	0.7%	3.3%	31.6%	
多亏	—	—	0.1%	0.9%	
反	0.9%	4.7%	1.3%	3.7%	
怪	0	0	0.3%	0	
怪不得	—	—	0.1%	0.8%	
怪道	—	—	0.2%	0.6%	
还2	—	—	0.6%	0	
竟2	0	0	1.4%	0.6%	

续表

词/比率/时代	唐	宋	元	明	备注
亏	0	0	8.2%	1.5%	
亏杀	—	—	0.6%	0	
恰	72.8%	4.0%	3.3%	4.5%	
恰好	2.6%	0.1%	1.2%	0.2%	
却	3.5%	1.8%	4.5%	34.3%	
生	—	—	1.2%	0.7%	
幸	0	0.3%	8.7%	0.4%	
幸而	0	0.4%	0.2%	0.1%	
幸然	—	—	7.3%	0	
早是	—	—	4.3%	2.2%	
正2	0	32.0%	45.4%	0.3%	

"反、竟2、亏、恰2、却、幸、幸而、正2"产生于上古或中古，"不想、畅道、畅好、倒、颠倒、多亏、怪、怪不得、怪道、还2、亏杀、恰好、生、幸然、早是"产生于近代。"反"，相对而言，在宋代使用比率略高，仅为4.7%，可见该词在近代汉语时期使用比率一直比较低；"竟"在唐、宋时期使用比率一直极低，以至于《变文》《语类》中没有出现，该词在元明时期使用比率也很低，都不足2%，可见该词在近代汉语中使用比率比较低；"亏"在唐、宋时期使用比率一直极低，以至于《变文》《语类》中没有出现，该词在元代使用比率达到8.2%，属于同类词中的常用成员，该词在明代使用比率急剧下降，仅为1.5%，可见该词在近代汉语中古使用比率很不稳定；"恰"在唐代使用比率极高，超过50%，属于同类词中最常用成员，唐代之后，该词使用比率急剧下降，相对于宋元时期而言，明代该词的使用比率略高，但也仅为4.5%，可见唐代之后该词的使用比率一直很低；"却"在唐、宋、元三个时期，使用比率一直很低，最高仅为4.5%，可见使用比率之低，该词在明代使用比率达到34.3%，属于同类词的常用成员，可见该词在近代汉语时期使用比率一直很不稳定；"幸"在唐代使用比率极低，以至于在《变文》中没有出现，该

词在宋、明时期使用比率都不足1%，可见使用比率之低，该词在元代使用比率达8.7%，属于同类词中的次常用成员，可见该词在近代汉语中使用比率不稳定；"幸而"在唐代使用比率极低，以至于在《变文》中没有出现，该词在宋、元、明时期使用比率都不足1%，可见该词在近代汉语中使用比率一直很低；"正"在唐代使用比率极低，以至于在《变文》中没有出现，该词在宋元时期使用比率超过30%，属于同类词中的常用成员，但是该词在明代的使用比率很低，仅为0.3%，可见该词在近代汉语中使用比率极不稳定；"不想、畅道、畅好"都至迟出现在元代，在元代使用比率都不足4%，在明代使用比率更低，以至于在《金》中没有出现，可见三者在近代汉语中使用比率之低；"倒"至迟出现在唐代，如《敦煌变文》："寻思是你汉家你将，倒不解深谋一时之功，行万里之地。"该词在唐、宋、元时期使用比率一直低于5%，在明代使用比率超过30%，属于同类词中的常用成员，可见该词在近代汉语中使用比率一直不稳定；"颠倒、还2、亏杀"都至迟出现在元代，在元代使用比率都不足3%，在明代使用比率更低，以至于在《金》中没有出现，可见三者在近代汉语中使用比率之低；"多亏、怪不得、怪道"都至迟出现在元代，相对而言，三者在明代使用比率高于元代，但都不足1%，可见，该词在近代汉语中使用比率一直很低；"恰好"至迟出现在唐代，《敦煌变文集》："深河恰好骋威仪，蓦地维摩染病赢。"相对而言，该词在唐代使用比率稍高，但不足3%，可见该词在近代汉语中使用比率一直很低；"生、早是"至迟出现在元代，在元代使比率都不足5%，二者在明代使用比率更低，都不足3%，可见二者在近代汉语中使用比率一直很低；"幸然"至迟出现在元代，元代使用比率达到7.3%，属于同类词词中的次常用成员，该词在明代使用比率更低，以至于在《金》中没有出现，可见该词在近代汉语中使用比率并不稳定。

　　总之，通过上表可以看出，唐代，评价类语气副词常用成员为：恰；宋代，评价类语气副词常用成员为：正2；元代，评价类语气副词常用成员为：正2；唐代，评价类语气副词常用成员为：却。

第四章

元代常用副词

关于什么是常用词，常用词研究的重要意义，以及常用词的界定标准我们在第三章已经有过专门的论述，在此不再赘述，本节主要考察元代的常用副词的演变情况。元代的常用副词主要有以下几个。

一、程度副词：（我们按照使用比率高低排序）

最高度：煞、最

次高度：更1、越

轻微度：略、微

二、范围副词：

总括：都、皆、尽

限定：则、子

统计：共、凡、通

类同：也、亦

三、时间副词

过去：曾、已、才2

现在：正1

将来：将1

初始：方

短暂、突发：忽、猛

持续：尚、直1、还1

暂且：且、暂

逐渐：渐、看看

不定：偶、早晚、有时、随时

最终：终、到底1、终须

累加：又、再

四、情状方式副词：

表独自、各自、亲自：独2、各、独自

表故意、任意、无意：不觉、不由、特3、胡

表相互、逐一、齐同：并、相、一同

表公然、暗然：暗、窃、暗暗

表极力、着急：硬、苦、好生3

表徒然：徒

表直接：直2

表反复：常、频、重

五、否定副词：

单纯否定：不、无

对已然的否定：未、不曾

对判断的否定：非

禁止：休、没

六、语气副词：

确认强调：（无）

委婉推测类：仿佛

疑问反诘：岂

评价：正2

我们将对这些常用词的演变进行考察。

第一节　煞、最、更1、越、略、微

煞、最

元代，表示最高度的程度副词中的成员为：煞、最。在唐代，二者的使用比率分别为：2.5%和24.4%；在宋代，二者的比率分别为：3.7%和10.8%；在元代，二者在元代的使用比率分别为：

22.7%和11%；在明代，二者的使用比率为：0和4.1%。可见在唐宋时期"最"的比率在不断下降，"煞"的比率在不断上升，最终在元代，"煞"的比率超过"最"成为同类词中最常用的副词，但是这种状况没有持续下去，明代，"煞"的比率就急剧下降，"最"的比率有所上升，"甚"成为明代同类词中的常用成员。关于"煞"的产生和演变，唐贤清已经有过详细分析，他认为："'煞'是由实词'杀'转化而来，这种状况至迟出现在唐代。"① "煞"在元代成为常用成员，使用比率急剧上升的原因主要有两点：第一，"煞"既可以做状语，又可以做补语，功能比其他同类丰富，并且，该词在宋代口语中已经被普遍使用，这为该词在元代的普遍使用创造了条件。第二，文体原因，据调查"煞"在元代主要出现在《元刊》和《散曲》中，该类文献是说唱文学形式，对句子的韵律要求比较高，"煞"在小句或句子末尾，可以补充音节，使得句子更加顺畅，并且相对于其他单音节同类副词而言，"煞"以元音结尾，发音洪亮，更适合演唱。总之在功能、文体特色和发音特点的作用下，"煞"在元代成为同类词中最常用成员。随着语言的发展，文体的改变，"煞"的使用率降低也成为必然，"煞"在现代汉语中已经消失，只在某些方言中存在。

"最"在《汉语大词典》解释如下：副词。表示某种属性超过所有同类的人或事物。《墨子·经上》："端，体之无序而最前者也。"该词在先秦已经具有表示最高程度副词的意义，此意义是由处于最高首位的人或事物的名词意义虚化而来，该词在中古时期已经是专门的最高程度副词，也是同类词中最常用的成员。我们认为"最"的转变是事物域向程度域的转变，其余句法和语境等因素是语法化过程中不可缺少的因素。也就是说"最"语法化的内在机制是隐喻和转喻共同作用的结果。但是在近代汉语中"最"虽然是常用成员（除明代），但是从来不是使用频率最高的成员，唐宋时期使用比率最高的是

---

① 唐贤清：《〈朱子语类〉副词研究》，湖南人民出版社2005年版，第112—114页。

"甚",明代使用比率最高的是"极"。近代汉语时期"最"比率下降的主要原因,是"甚"、"煞""极"等使用比率上升,挤占了"最"的使用范围。在现代汉语中"最"依然是同类词中常用的成员。

更1、越

元代表示次高度的程度副词为:更1、越。二者在宋代的使用比率分别为:36.4%和4.0%;二者在元代的使用比率分别为:60.3%和14.2%;二者在明代的使用比率分别为:24.4%和23.8%。相比较而来,"越"在近代汉语中使用比率越来越高,这种趋势一直延续到现代,"更"的比率相对则越来越低。

"更"《说文·支部》:"改也。从支丙声。古孟切。又,古行切。"作为程度副词在《战国策》中已经出现,如:"与之,即无地以给之;不与,则弃前功,而后更受其祸。"这种用法是在本义的基础上引申出来的,是由"改"转变为由于"改变"而达到的程度,即由行为域转化为程度域。在中古时期,该词是同类词中的最常用的成员,在近代汉语中一直保持着最常用地位,在现代汉语中是常用成员之一。

"越"《说文·走部》:"度也。从走戉聲。王伐切。""越"作为副词至迟出现在宋代,如:《语类·卷一百二十一》:"今人尽要去求合试官,越做得那物事低了。"该词在元代进入常用词的行列,并且"越……越……"的组合,使用数量不断增加,如:

(1)【双调】【新水令】我又赤手空拳,越好汉越慈善。(公孙汗衫记第四折)

"越"的形成与"更"类似,都是由行为域向程度域的转变,这个词在明代仍然处在常用词的行列,但是在现代汉语中使用比率明显下降。学者们对此做过很多分析,其中张家和对此做过深入分析,指出:"'越发'的出现、'越……越……'结构不断转向框式结构以及'愈……愈……'的使用率下降,是促使'越'不断虚化,最终不能单独使用的主要原因。"① 我们认为除了以上三个原因之外，汉语双音化趋势也是造成"越发"取代"越"的重要原因。

略、微

元代表示轻微度的常用程度副词为：略、微，二者在唐代的使用比率分别为：9.5%、6.0%；二者在宋代的使用比率分别为：32.1%、22.8%；二者在元代的使用比率分别为：28.5%、54.3%；二者在明代的使用比率分别为：53.8%、0。

"略"《说文·田部》："经略土地也。从田各聲。鸟约切。"《汉语大词典》解释为："稍微。"北周庾信《周骠骑大将军李夫人墓志铭》："本有风气之疾，频年增动，略多枕卧。"可见作为副词的用法在中古时期已经出现，该词是在本义的基础上引申出"简约、粗略"之义后再引申为"简略"，在此基础上再经过引申，转变为程度副词"略微"，完成由状态域向程度域的转化。该词在唐代使用比率不高，但是宋元明时期使用比率一直很高，这个词在现代汉语中很少单独使用。

"微"《说文·彳部》："隐行也。从彳声。"《汉语大词典》解释为："稍；略。"《汉书·翟方进传》："时方进新为丞相，陈咸内惧不安，乃令小冠杜子夏往观其意，微自解说。"可见作为副词用法在上古已经出现，但是使用比率并不高。该词的形成过程与"略"类似，都在本义引申为形容词之后，再引申为程度副词，是由状态域转变为程度域。该词在近代汉语前期使用比率上升比较快，但是近代汉语后期使用比率急速下降，在现代汉语中一般作为语素出现，很少单独使用。

唐宋时期"略"的使用比率一直高于"微"的使用比率，在元代"微"的使用比率超过"略"的使用比率，成为当时最常用的副词，但是这种形式在明代又出现了转变，"微"的使用比率急剧下降，远

① 张家和：《程度副词"越"、"越发"的语法化及相关问题》，《汉语学习》2010年第5期。

远低于"略",该词在现代汉语中使用比率也不高。我们觉得出现这种变化的根本原因在于:"稍微""略微"等双音节复音词的出现。对于"略""微"的出现,张谊生在《稍微类副词的历时来源和发展演变》中有详细分析,他指出:"'微'由形容词'微小'转化为程度副词'微弱',是通过词义的抽象泛化形成的,是数量空间向程度空间投射的结果;'略'则是形容词'简略'意义,受句法位置影响而虚化为程度副词。我们认为,从认知语言学的角度看,二者都是从状态域向程度域的转化,其中转化的机制就是隐喻和转喻,当然重新分析和类推也发挥当然发挥作用。"①

第二节　都、皆、尽、则、子、共、凡、通、也、亦

都、皆、尽

元代表示总括范围的常用副词为:"都""皆""尽"。三者在唐代的比率分别为:5.7%、6.9%、6.9%;三者在宋代的比率分别为:23.5%、54.7%、5.9%;三者在元代的使用比率分别为:46.2%、16.5%、12.5%;三者在明代的比率分别为:71.1%、6.9%、20.8%。可以看出"都"在唐代使用比率并不高,只是从宋代开始使用比率开始上升,成为常用成员;"皆"在唐代使用比率也不是很高,在宋代使用比率最高,成为最常用的成员,在元代依然是常用成员,但是在明代使用比率也不高;"尽"在唐宋时期使用比率都不高,只在元明时期使用比率上升,成为常用成员。

"都"作为总括副词,在上古已经出现,如:《左传·庄公二十八年》最早关于"都"的解释:"有先君之宗庙曰都",后来指京都、大的城市,这些城市往往是人口聚集的地方,所以引申出"聚集"的

---

① 张谊生:《稍微类副词的历时来源和发展演变》,《忻州师范学院学报》2007年第3期。

意义，再后来由于经常处于状语的位置，进而引申出了表示"总括"的副词意义，是由动词引申为行为所指向的范围，是行为域向范围域的转化，是副词来源的重要方式。杨荣祥对"都"兴起的原因与发展有详细的分析，这个词在现代汉语中依然是同类词中最常用的成员。

"皆"《说文·白部》："俱词，也。从比从白。古谐切。"作为总括副词，上古已经出现，如《易·解》："天地解而雷雨作，雷雨作而百果草木皆甲坼。""皆"功能灵活自由，既可以指向主语，又可以指向宾语和谓语，并且对谓语具有突出强调作用，自产生以来，在上古和中古时期一直是常用成员，多用在书面文体中，具有书面语体特色，因而在口语和书面语混合的《语类》中使用比较多，而在口语文献中使用必然会比较少，因此在唐明时期使用率比较低，该词在现代汉语中也主要用于书面文体中。

"尽"《说文·皿部》解释为"尽，器中空也。从皿火声。慈刃切"作为副词用法上古已经出现，如《书·盘庚上》："重我民，无尽刘。"孔传："刘，杀也。"该词是由本义引申为"竭尽、完"的动词意义，而后引申出"全部"的副词意义，由动词引申为动词包括的范围，实际是由行为域向范围域的转化。其中在句子中处于状语位置，是"尽"虚化的一个重要原因。这个词在现代汉语中很少单独使用。

则、子

元代表示限定范围的常用副词为：则、子，二者在元代的使用比率为：11.1%、18.0%，在其他时代使用比率都极低。

"子"据《汉语大词典》记录，作为限定范围副词最早出现于《西厢记》，如："本待要安排心事传幽客，我子怕漏泄春光与乃堂。"这种用法在元代多出现于《元刊》和《散曲》中，元代其他文献和其他时代文献中很少出现，可以看做是具有说唱文体特色的词。关于"子"作为副词的来源，我们认为"子"与"只"意义相同，声音相近，在说唱文学中读音相差不大，所以出现了二者相同的用法。这个词在现代汉语中已经消失。

"则"表示限定副词,最早出现于《荀子·劝学》:"小人之学也,入乎耳,出乎口。口耳之间则四寸耳,曷足以美七尺之躯哉。"据考察在上古或中古时期,"则"作为限定副词的用法并不多,但该词在元代使用比率急剧升高,我们认为这与文体有很大的关系,因为"则"在元代文献中也多出现于《元刊》和《散曲》中,这个词的读音与"只"相近,意义相同,在说唱文学中相差不大,所以使用数量比较多,这种用法在现代汉语中已经消失。

共、凡、通

元代表示统计的常用副词为:共、凡、通。三者在唐代的使用比率为:7.8%、31.5%、0;三者在元代的使用比率为:40.4%、29.2%、26.7%;三者在宋代的使用比率为1.8%、75.3%、0;三者在明代的使用比率为:90.9%、1.3%、3.2%。元代"共"取代"凡"成为同类词中最常用成员,"通"仅仅在元代使用比率比较高。

"共"作为统计副词在中古已经出现,如《论衡·道虚篇》:"世见长寿之人,学道为仙,逾百不死,共谓之仙矣。"是由动词意义"共同具有或承受"转化为共同具有或承受的事物的数量,是行为域向范围域的转变。因为经常出现在数字词前面,充当句子的状语,因而具有了统计副词"总共"的意义,这种用法一直沿用到现代汉语中。

"凡"《说文·二部》解释为:"最括也。从二,二,偶也。"总括副词意义在上古已经出现,如《易·系辞上》:"乾之策二百一十有六,坤之策百四十有四,凡三百有六十。"该词在上古和中古时期一直是统计副词中的常用成员,直到近代汉语后期,即从元代开始,这个词的地位才被"共"取代,并且使用数量不断下降。该词虽然一直沿用到现代汉语中,但是很少单独使用,并且更少用在数量短语前面。

"通"《说文·辵部》解释为:"达也。从辵甬声。他红切。"作为统计副词是由本义"通达"意义引申而来,由动作行为引申为动作行为的范围或数量,是由动作域到范围域的转化。据调查在元代文献中"通"多出现在《老乞大》、《典章》和《平话》中，很少出现在其他文献中，我们推测"通"自出现以来，一直在某些方言中大量使用，而在文言文体中很少出现，而元代大都话正好是在这种方言的基础上形成的，所以在大都话文本的《老乞大》和《元典章》中大量存在。这个词因为在元代的普遍使用，进而在明代也继续使用，但是由于时代原因，明代使用比率下降。这种用法一直沿用到现代汉语中，但是一般作为构词语素出现。

也、亦

元代表示类同的常用副词为：也、亦。二者在唐代的使用比率为：39.2%、58.5%；二者在宋代的使用比率为：36.3%、59.8%；二者在元代的使用比率为84.3%、15.7%，二者在明代的使用比率为：94.1%、5.9%，"也"在元代最终超过了"亦"成为同类词中最常用的成员。

"也"《汉语大词典》解释为："副词。犹亦。承接上文，表示同样。"北周庾信《镜赋》："不能片时藏匣里，暂出园中也自随。"这个词出现的相对比较晚，使用数量也不多。作为类同副词，是在近代汉语前期一直是同类词中的常用成员。自元代开始使用比率快速上升，成为最常用的成员，并一直持续到现代。

"亦"《说文·亦部》解释为："亦，人之臂亦也。"因为人的两个腋窝相同，同时在句子中处于状语的位置，所以引申出副词意义"类同"，是由具体到抽象的演变。如：在上古已经出现副词的用法，如《书·康诰》："怨不在大，亦不在小。"这个词在上古、中古以及近代汉语前期使用率一直很高，一直是最常用的成员，但元代出现转变，使用比率急剧下降，这种形势一直延续到现代汉语中，现代汉语中该词多用于书面语。关于"也""亦"二者的发展替换，杨荣祥在《近代汉语副词研究》中有过详细论述，此处不再赘述。

第三节　曾、已、才2、正1、将1、方、忽、猛、尚、直1、还1、且、暂

曾、已、才2

元代表过去的常用副词为：曾、已、才2。三者在唐代的使用比率为：37.7%、25.8%、0；三者在宋代的使用比率为：25.0%、22.0%、4.3%；三者在元代的使用比率为：33.9%、30.2%、16.9%；三者在明代的使用比率为5.7%、31.6%、63.7.9%。在唐宋元时期，"曾"的使用比率一直高于"已"，是同类词中最常用的成员，但明代"曾"的使用比率急剧下降，"已"的使用比率超过"曾"成为同类词中最常用成员，这种形势一直持续到现代。

"曾"作为过去类时间副词，在上古已经出现，如《墨子·亲士》："缓贤忘士而能以其国存者，未曾有也。"并在上古、中古、近代汉语大部分时期内一直是常用词，直到明代才成为非常用成员，但是现代汉语中仍然是常用成员。

"已"作为过去类时间，在上古已经出现，如《论语·微子》："道之不行，已知之矣。"这个意义是由动词"停止"意义虚化而来，至于虚化过程，需要进一步考证。"已"自出现以来使用数量并不是很多，在近代汉语中使用比率一直很高，是同类词中的常用成员；而在现代汉语中，"已"使用比率并不高，并且很少单独出现。我们认为这是由于被同义词"已经"挤占了使用空间而造成的。

"才2"作为过去时间副词在中古已经出现，意义由来不是很明确，在中古汉语中使用并不多，直到宋代使用比率才开始比较多，明代使用比率急剧上升，成为最常用的成员，这种趋势一致延续到清代，在现代汉语中这种用法一直比较普遍，是同类词中的重要成员。

正1

元代表现在的常用副词为：正1。该词在唐宋元明时期的使用比

率为：100%、94.3%、98.7%、95.9%，一直是同类词中最常用的成员。

"正1"表示时间副词的用法在中古已经出现，如《史记·五帝本纪》："我思舜，正郁陶。"自出现以来一直是同类词中常用成员，并一直延续到现代。

将1

元代表将来的常用副词为：将1。这个词在唐宋元明时期的使用比率为：0.1%、87.8%、88.7%、15.3%，除唐代之外，一直是同类词中的常用成员。

"将1"表示将来类时间副词，《汉语大词典》解释为："副词。就要；将要。"《左传·文公十八年》："春，齐侯戒师期，而有疾。医曰：'不及秋将死。'"该词在上古已经出现，上古和中古一直是同类词中的常用成员，在唐代使用比率下降，选用的唐代文献中，"将"多作名词，一般不用作时间副词。"将"作为时间副词一直延续到现代，并且仍然是同类词中的重要成员，但是由于"将来"等双音副词的出现，使用范围相对有所缩小。

方

元代表初始类的常用副词为：方。这个词在唐宋元明时期的使用比率为：30.8%、80.9%、92.0%、46.0%，可见，该词在近代汉语中一直是同类词中的常用成员，宋元明时期，是最常用的成员。

"方"据《汉语大词典》解释为："副词。方始；方才。"《诗·大雅·公刘》："弓矢斯张，干戈戚扬，爰方起行。"这种用法在上古已经出现，据调查这个词自出现以来一直是同类词中的常用成员，但是在现代汉语中使用却很少，一般作为构词语素出现。我们认为主要是是由双音副词"方始"、"开始"等的出现和使用造成的。

忽、猛

元代常用的表短暂、突发类的常用副词为：忽、猛。二者在唐代的使用比率分别为：28.9%、0；二者在宋代的使用比率分别为：6.3%、0.3%；二者在元代的使用比率分别为：47.0%、10.0%，二者在明代的使用比率分别为：4.9%、0.2%。

"忽"作为短暂、突发类时间副词，《汉语大词典》解释为：副词。突然；忽然。《列子·汤问》："凉风忽至，草木成实。"在上古和中古时期，一直是同类词中的常用成员。在现代汉语中因为双音副词"忽然"等的出现，使用范围大大减小。

"猛"《说文·犬部》解释为："猛，健犬也。"作为表短暂、突发类的时间副词在宋代才开始出现，"健犬"在上古引申为形容词"凶猛"，因为凶猛的动作行为或事件发生时一般比较突然，所以引申为动作发生的时间副词"突然、猛然"，是由状态域到时间域的转变。这个词自出现以来使用比率并不高，只在元代使用比率比较高，其他时代使用比率很低，在现代汉语中这个词也很少单独使用，一般为"猛然"等代替。

尚、直1、还1

元代表持续类的常用副词为：尚、直1、还1。三者在唐代的使用比率为：9.4%、0、0.6%；三者在宋代的使用比率为：18.6%、0、5.2%；三者在元代的使用比率为：24.3%、23.7%、14.4%；三者在明代的使用比率为：3.0%、66.9%、2.2%。

"尚"作为持续类时间副词，在上古时已经出现，如《诗·大雅·荡》："虽无老成人，尚有典刑。"至于虚词词义的由来，无从考证。这个词在上古或中古的使用比率并不高，在近代汉语时期，使用比率也不是很高，只有元明时期使用比率比较高，但是在现代汉语中使用比较少，并且主要用在书面文体中。

"直1"作为持续类时间副词，在中古时期出现，但是使用比率不是很高。在近代汉语中只在元代使用比率比较高，其他时代都比较少，这个词一直沿用到现代汉语中，但是使用比较少。

"还1"《说文·辵部》解释为："复也。从辵睘声。户关切。"作为持续类时间副词就是在此意基础上产生的，是由动作域向时间域的转化。这种用法在中古已经出现，但是在中古汉语中使用并不是很多，在近代汉语中使用也不多，只在元代使用比率稍微高点，这个词一直沿用到现代汉语中，在现代汉语中是同类词中的重要成员。

且、暂

元代表暂且类的常用副词为：且、暂。二者在唐代的使用比率为：87.1%、3.4%；二者在宋代的使用比率为：90.9%、0.6%；二者在元代的使用比率为：80.3%、13.3%；二者在明代的使用比率为：88.1%、2.3%。

"且"作为暂且类时间副词，在上古已经出现，《汉语大词典》解释为：副词。姑且；暂且。《诗·唐风·山有枢》："且以喜乐，且以永日。"王引之《经传释词》卷八："且，姑且也。"自产生以来一直是同类词中的常用成员，这个词一直沿用到现代汉语中，但是使用比率和范围于则缩小了很多，"暂且"在一定程度上挤占了"且"的范围。

"暂"《说文·日部》解释为："不久也。从日斩声。藏滥切。"副词意义就是在此基础上产生的，是由形容词短暂转变为短暂类时间副词，是性质状态域向时间域的转化。据资料显示在中古已经出现，如：《史记·李将军列传》："广乍死，睨其旁有一胡儿骑善马，广暂腾而上胡儿马。"这个词在近代汉语中只元代使用比较多，这个词在现代汉语中使用比较少，很大一部分使用空间被"暂且"挤占，这是汉语发展的必然趋势。

第四节　渐、看看、偶、早晚、有时、随时、终、到底1、终须、又、再

渐、看看

元代常用的表逐渐类的常用副词为：渐、看看。二者在唐代的使

用比率分别为：40.8%、0；二者在宋代的使用比率分别为：54.3%、0；二者在元代的使用比率分别为：70.1%、10.8%；二者在明代的使用比率分别为：66.2%、5.6%。可见"渐"在近代汉语中使用比率一直很高，而"看看"仅仅在元代使用比率比较高。

"渐"《说文·水部》："渐，渐水"，因为水流缓慢，引申为动词义"缓慢、逐步"，实际是由行为域向行为的方式的转变。后因为经常出现在状语的位置，大约在东汉时期，已经虚化为时间副词"逐渐"，如：《汉书·李广利传》："天子业出兵诛宛，宛小国而不能下，则大夏之属渐轻汉。"这个词在中古时期一直是同类词中的常用成员，在近代汉语中也是重要常用成员，虽然这个词一直沿用到现代汉语中，但是很少单独使用，一般出现在固定结构和组合中。"逐渐""渐渐"在现代汉语中占用了"渐"的很大一部分使用范围。这是汉语发展的必然趋势。

"看看"作为逐渐类时间副词，至迟出现在唐代，如唐刘禹锡《酬杨侍郎凭见寄》诗："看看瓜时欲到，故侯也好归来。"但是唐宋时期使用比率很低，元代使用比率升高，成为同类词中的重要成员。关于这个词的由来和演变。段颖灵在《论"看看"语义的古今演变》中有过详细论述，关于"看看"词义的演变，我们同意作者的观点，但是关于这个词在现代汉语中使用情况，我们并不同意。"看看"在现代汉语中依然存在，但是使用比较少。

偶、早晚、有时、随时

元代表不定类常用副词为：有时、偶、随时、早晚。这些词在唐代的使用比率为：35.0%、45.0%、0、20.0%；这些词在宋代的使用比率为：0、2.1%、30.2%、10.6%；这些词在元代的使用比率为：43.5%、19.4%、16.9%、16.1%；这些词在明代的使用比率为：38.6%、47.1%、5.7%、0。

"偶"作为不定类时间副词，《汉语大词典》解释为：偶然；偶尔。《列子·杨朱》："郑国之治，偶耳，非子之功也。"在上古已经出现，在近代汉语中只有宋代使用比率比较低。但是这个词在现代汉语中使用比率非常低，偶尔在特殊文体中出现。

"早晚"作为不定类时间副词，至迟出现在唐代，如韩翃《送山阴姚丞携妓之任》诗："他日如寻始宁墅，题诗早晚寄西人。"该词是由"过早或过迟"意义引申而来。除了宋代使用比率比较低，唐元明时期使用比率都比较高，并一直沿用到现代汉语中，且使用比率不低。

"有时"据调查资料显示，在上古已经出现，如《周礼·考工记·序》："天有时以生，有时以杀；草木有时以生，有时以死。"在近代汉语中，只宋元时期使用比率比较高，其他时期使用比率并不高，这个词一直沿用到现代汉语中，是同类词中的常用成员。

"随时"作为时间副词在中古已经出现，但是使用并不多，在近代汉语的唐宋元时期使用比率比较高，但是明代使用比较低，这个用法一直沿用到现代汉语中，是同类词中的重要成员。

终、到底1、终须

元代表最终时间的常用副词为：终、到底1、终须。三者在唐代的使用比率分别为：83.5%、0、0；三者在宋代的使用比率分别为：54.3%、0、0；三者在元代的使用比率分别为：49.4%、22.1%、16.9%；三者在明代的使用比率分别为：48.1%、9.1%、9.1%。

"终"《说文·糸部》："絿丝也。从糸冬声。"在本义基础上引申为事情的终点，与"始"相对，在此基础上，进一步引申为最终类时间副词，是由时间名词转化为时间副词，词汇意义没有变化，但是在句子中的位置发生了变化。句法位置的转变是"终"转变的最关键的因素。作为时间副词在中古已经出现，如：《世说新语·自新》："终无所成。"这个词在中古使用率一直很高，在近代汉语中，也一直是同类词中的常用成员，在现代汉语中仍然沿用，但很少单独使用一般只作为构词语素出现。现在"终"一般被"终于""最终"等双音节词代替。

"到底1"表最终类时间副词至迟出现在唐代，如牟融《寄范使君》诗："从来姑息难为好，到底依栖总是谶。"是由"直到尽头"

的意义虚化而来，是由具体事物状态到抽象事物结果，是由状态域到结果域的转变。这个词在唐宋时期使用比率并不高，元代使用比率比较高，并一直延续到现代汉语中。

"终须"作为表最终类的时间副词，受使用频率增加的影响，并在重新分析的作用下而最终形成。这个词至迟出现在唐代，唐宋时期使用比率一直很低，元明时期使用比率低于唐宋。这个词一直沿用到现代汉语中，但是使用比率很低。

又、再

元代表重复类的常用副词为：又、再。二者在元代的使用比率分别为：65.1%、28.4%；二者在唐代的使用比率分别为：59.3%、17.8%；二者在宋代的使用比率分别为：78.0、2.8%，二者在唐代的使用比率分别为：69.8%、0.8%。

"又"作为重复类时间副词，在上古已经出现，如《诗·郑风·缁衣》："敝予又改为兮。"自出现以来一直是同类词中最常用的成员，这个词一直沿用到现代汉语中，并一直是最常用的成员。

"再"作为重复类副词，是由"第二次"的意义泛化而来，由具体数字泛化为普遍重复类意义。该词在上古或中古已经出现，如《汉书·李广苏建传》："勿复再言。"使用数量并不多，这个词在唐元时期使用比率比较高，但是在宋明时期使用比率却不高，该词一直沿用到现代汉语中。

第五节　独2、各、独自、不觉、不由、特3、胡、并、相、一同

独2、各、独自

元代表独自、各自、亲自的常用副词为：独2、各、独自。这些词在唐代的使用比率为：49.3%、0、6.3%；这些词在代宋的使用比

率为：2.0%、26.6%、0.2%；这些词在元代的使用比率为：38.1%、28.5%、12.1%；这些词在明代的使用比率为：29.2%、12.6%、20.7%。

"独2"作为情状方式副词在上古已经出现，《说文·犬部》解释为："独，犬相得而斗也。羊为群，犬为独也。"由"犬为独"，引申为形容词"单独"，然后再引申出副词"单独"，是由事物域转化为状态域，再转化为方式域。该词刚出现时，使用并不多，在中古使用比较多，是同类词中的常用成员，除宋代之外，在近代汉语中使用比率也比较高。这个词在现代汉语中很少单独使用，一般作为构词语素出现。

"独自"作为情状方式副词，出现于中古汉语时期，如齐己《怀洞庭》诗："中宵满湖月，独自在僧楼。"中古汉语时期使用并不多，近代汉语前半期使用也不多，但是自元代之后使用比率逐渐上升，"独自"与"独"之间比率相差越来越小。我们推测"独自"实际是"独"加副词词缀"自"形成，是受双音化趋势影响而产生的。

"各"作为情状方式副词，在上古已经出现，如：《书·汤诰》："各守尔典。"该词在上古和中古使用并不多，在唐代使用也不多，在宋元明时期使用比较多，并且构成许多新词，如各自、各个等。该词一直沿用到现代汉语中。

不觉、不由、特3、胡

元代常用的表故意、任意、无意副词为：不觉、不由、特3、胡。四者在唐代的使用比率为：17.9%、0、10.3%、0；四者在宋代的使用比率为：0、0、15.8%、15.0%；四者在元代的使用比率为：14.7%、20.7%、13.3%、10.0%；四者在明代的使用比率为：28.1%、0、6.1%、0。

"不觉"在上古已经出现，如，李陵《答苏武书》："吟啸成群，边声四起，晨坐听之，不觉泪下。"该词是因为使用频率不断增加，而被重新分析而成，除宋代以外，该词在近代汉语中的使用比率都比较高，一直是同类词中的常用成员。该词一直沿用到现代汉语中。

"不由"至迟出现在元代，形成原因和过程与"不觉"相似。该词自出现之后，使用率比较高，是同类词中的常用成员，但是明代使用率急剧下降，该词一直沿用到现代汉语中。

"特3"作为情状方式副词上古已经出现，如《吕氏春秋·君守》："夫国岂特为车哉？"该词在近代汉语中一直是同类词中的常用成员，并一直沿用到现代汉语中，但一般只作为构词语素出现。

"胡"至迟出现在宋代，如《朱子语类·卷五》："元来无所有的人，见人胡说话，便惑将去。"该词自出现以来使用比率就比较高，并且形成新词"胡乱"。该词在宋元时期使用比率比较高，明代使用比率急剧下降，但一直沿用到现代汉语中。

并、相、一同

元代表相互、逐一、齐同的常用副词为：并、相、一同。这些词在唐代的使用比率为：12.9%、0、0；这些词在宋代的使用比率为：81.0%、0、0；这些词在元代的使用比率为：42.0%、16.8%、11.5%；这些词在明代的使用比率为：30.9%、0.9%、15.2%。

"相"，在上古汉语时期已经出现，如《礼记·学记》："故曰教学相长也。"该词在近代汉语中一直是同类词中的常用成员，并沿用到现代汉语中，但一般作为构词语素出现。

"一同"至迟出现在元代，在元明时期是同类词中的常用成员，沿用到现代汉语，是现代汉语同类词中的重要成员。在近代汉语中出现了"一并""一发"等同义词，关于"一+X"式结构的形成，许多学者已经做过论述，我们在此不再赘述。

"并"《说文》解释为"併也"即二人并行。该词在上古汉语时期已经出现，如《史记·陈涉世家》："陈胜佐之，并杀两尉。"这个词是在本义的基础上，直接引为副词"一同"的意义，是动词转化为副词的典型，是行为域向行为方式域的转化。这个词在现代汉语中一般不使用，相同意义一般由"一同"等双音节词代替，这是汉语发展的趋势。

第六节 暗、窃、暗暗、硬、苦、好生3、徒、直2、常、频、重

暗、窃、暗暗

元代表公然、暗然的常用副词为：暗、窃、暗暗。这些词在唐代的使用比率为：28.6%、0、0；这些词在宋代的使用比率为：13.5%、81.0%、0.6%；这些词在元代的使用比率为：24.5%、16.7%、13.2%；这些词在明代的使用比率为：48.9%、0、16.9%。

"暗"作为情状方式副词，在上古汉语时期已经出现，如《后汉书·宦者传》："曹节王甫，暗杀太后。"该词在近代汉语中一直是同类词中的常用成员，并形成新词"暗暗、暗地、暗地里、暗中、暗里"等，可见该词在近代汉语中的活跃性。这个词在现代汉语中只作为构词语素出现。

"窃"据资料显示在上古已经出现，如《史记·魏公子列传》："窃骂侯生。"该词是由名词"盗贼"意义引申为动词"偷窃"意义，再引申为副词"偷偷"意义，经历由名词转化为动词再转化为副词的演化过程，是由事物域转化为行为域再转化为方式域。该词在近代汉语中只宋元时期使用比较多，我们认为这与"窃"使用的语体风格有关，"窃"一般多用于书面文言文体，《语类》是文白混合文体，元代文献中有不少是文言或者文话混合的文体，所以使用率比较高，而其他时代文献中，很少会出现这样的文体，所以该词在其他时期使用比率都比较低。该词一直沿用到现代汉语中，但很少单独使用，并且多用于书面语体中。

"暗暗"至迟出现在宋代，如《朱子语类·卷九十七》"自衣锦尚䌹以下皆是，只暗暗地做工夫去。"该词是在"暗"的基础上形成的，但是并不是"暗"的重叠形式，而是一个新词，表示动作行为方式更加秘密。该词自出现以来，使用比率不断上升，一直沿用到现代

汉语中,是同类词中的重要成员。

硬、苦、好生3

元代表极力、着急的常用副词为:硬、苦、好生3。三者在唐代的使用比率为:0、13.0%、9.1%;三者在宋代的使用比率为:33.0%、28.4%、0.9%;三者在元代的使用比率为:25.4%、15.8%、14.6%;三者在明代的使用比率为:3.4%、5.4%、26.0%。

"硬"至迟出现在宋代,如《语类·卷九》:"人生天地间,都有许多道理。不是自家硬把与他,又不是自家凿开他肚肠,白放在里面。"该词自出现以后,宋元时期使用比率比较高,一直是同类词中的常用成员,但是明代比率比较低,这个词一直沿用到现代汉语中,是同类词中的重要成员。至于副词词义的由来,是由形容词"坚硬"引申为"固执",再引申为做事情极力坚决的意义,经历由形容词转化为副词,是由状态域到方式域的转化。这个词一直沿用到现代汉语中,是同类词中的重要成员。

"苦"在中古已经出现,如《世说新语·识鉴》:"杨朗苦谏不从。"该词是由形容词"急迫、紧迫"意义引申而来,是由形容词转化为副词,是由状态域到方式域的转变。该词在上古或中古时期使用并不多。除明代之外,该词在近代汉语中是同类词中的常用成员,并一直沿用到现代汉语中。

"好生3"迟出现在唐代,如《敦煌变文》:"好生供养观音,还要虔恭礼拜。"除明代以外,该词自出现以来使用比率都比较高,是同类词中的常用成员。现代汉语中,该词只出现在某些特殊文体中。

徒

元代表徒然类的常用副词是:徒。该词在唐宋元明时期的使用比率为:0、28.7%、80.3%、3.6%。

"徒"在中古汉语时期已经出现,如鲍照《拟古》诗之四:"空谤齐景非,徒称夷叔贤。"该词在近代汉语中使用也比较多,尤其是宋元时期。一直是同类词中的常用成员。该词一直沿用到现代汉语中，但一般只作为构词语素出现。

直2

元代表直接类的常用副词为：直2。该词在唐宋元明时期的使用比率为：95.5%、74.4%、52.1%、44.1%。

"直2"在上古已经出现，如《公羊传·庄公三十二年》："杀世子母弟直称君者，甚之也。"该词在近代汉语中使用数量也很多，一直是同类词中最常用的成员。该词在现代汉语一般作为构词语素出现。

常、频、重

元代表反复的常用副词为：常、频、重。三者在唐代的使用比率为：0、30.4%、20.0%；三者在宋代的使用比率为：69%、0.4%、6.7%；三者在元代的使用比率为：32.6%、28.7%、10.1%；三者在明代的使用比率为：4.0%、31.9%、9.4%。

"常"在上古已经出现，如《列子》："常生常化者，无时不生，无时不化。"除唐代之外，该词在近代汉语中使用比率一直比较高，是同类词中的常用成员，并一直沿用到现代汉语中。至于副词意义的由来，我们觉得副词词义是由形容词"恒久"意义引申而来，是由状态域到方式域的转变。

"频"上古已经出现，如《后汉书·杨终传》："频年服役。"除宋代之外，该词在近代汉语中使用比率一直很高，是同类词中的常用成员，并一直沿用到现代汉语中。

"重"在上古已经出现，近代汉语中，只唐元时期使用比较多，其他时代使用比较少。这个词一直沿用到现代汉语中，但是，相对而言，适用范围变小，主要是受"重复"等复音词的影响。

第七节　不、无、未、不曾、非、休、没

不、无

元代表单纯否定常用副词为：不、无。二者在唐代的使用比率为：89.7%、0；二者在宋代的使用比率为：92.9%、3.0%；二者在元代的使用比率为：71.2%、27.5%；二者在明代的使用比率为：97.9%、0.1%。

"不"在上古汉语时期已经出现，如《荀子》："锲而不舍，金石可镂。"自产生以来，一直是汉语中常用否定副词。

"无"在上古汉语时期已经出现，如《墨子》："请无攻宋矣。"在上古或中古使用一直不多，近代汉语中只元代使用比较多，但该词一直沿用到现代汉语，并是现代汉语同类词中的常用成员。

未、不曾

元代表对已然的否定的常用副词为：未、不曾。二者在唐代的使用比率为：79.7%、13.9%；二者在宋代的使用比率为：67.0%、20.3%；二者在元代的使用比率为：72.7%、22.9%；二者在明代的使用比率为：31.7%、21.2%。

"未"在上古已经出现，如《吕氏春秋·开春》："吾未有言之。"该词在近代汉语中一直是同类词中最常用的成员，在现代汉语中使用也比较多。

"不曾"在中古汉语时期已经出现，如《世说新语》："习凿齿后至都见简文返命，宣武问：'见相王何如？'答云：'一生不曾见此人。'"该词在近代汉语中使用比率一直比较高，并一直沿用到现代汉语中。

非

元代表对判断的否定的常用副词为：非。该词一直是此类词中的

唯一成员。该词在上古已经出现，如《孟子·公孙丑下》："城非不高也，城非不深也，兵革非不坚利也。"该词自出现以来一直是同类中最常用成员，并一直沿用到现代汉语中。

休、没

元代表禁止类常用副词为：休、没。二者在唐代的使用比率为：0、0；二者在宋代的使用比率为：0.3%、0；二者在元代的使用比率为：60.7%、25.4%；二者在唐代的使用比率为：0、0；二者在宋代的使用比率为：0.3%、0；二者在明代的使用比率为：46.0%、0.2%。

"休"至迟出现在唐代，如：杜甫《诸将》诗之三："洛阳宫殿化为烽，休道秦关百二重。"但是该词在唐代使用比率比较低，该词是宋元明时期同类词中的常用成员，并一直沿用到现代汉语中，副词词义是由动词"停止、罢休"意义引申而来，经历了由动词转变为副词过程，是由行为域到结果域的转变。

"没"至迟出现在元代，产生之后使用比率超过20%，是同类词中常用成员，明代使用比率又有所下降，一直沿用到现代汉语中。该词是由动词意义"没有"引申为对动作行为的否定，由行为，转向对行为的评价，实际是由行为域向情感域的转变，该词一直沿用到现代汉语中。

第八节　仿佛、岂、正2

确认强调类副词是评价语气中成员最多，使用数量最多的一类，正因为成员最多，使用率没有超过10%的，因此此类副词中没有常用成员，我们在此也不做分析。

仿佛

元代表委婉推测类的常用副词为：仿佛。在唐宋元明清时期的使用比率为：0、0.3%、51.7%、0。

该词在上古已经出现，如《汉书·扬雄传》："犹仿佛其若梦从者。"该词在近代汉语中也只元代使用比率比较高，但一直沿用到现代汉语中，是现代汉语中的常用词。

岂

元代表疑问反诘的常用副词为：岂。该词在唐宋元明清时期的使用比率为：0、48.6%、36.0%、18.5%。

"岂"上古已经出现，如《战国策·赵策》："岂非计久长。"该词在近代汉语中一直是同类词中的常用成员，但在现代汉语中使用比较少。

正2

元代表评价的常用副词为：正2。这个词在唐宋元明清时期的使用比率为：0、32.0%、45.4%、0.3%，这个词在上古已经出现，如《玉台新咏·古诗为焦仲卿妻作》："六合正相应。"近代汉语时期，只宋元时期使用比较多，其他时代使用比较少，但一直沿用到现代汉语中，并且是同类词中的重要成员。

小结

元代常用副词共71个，占元代副词总数的31.2%。这些副词产生于近代的有：煞、越、子、猛、看看、早晚、到底1、不由、胡、暗暗、好生3，共计11个占总数的1/7，比重比较小，可见常用词多来自上古或中古。这些常用副词大部分沿用到现代汉语中，只有极少数在现代汉语中消失，可见常用副词在汉语史中稳定性比较强。这些常用副词中双音节的只有13个，其余全是单音节，单音节依然是常用副词的主要形式。这些常用副词大多数是由名词、形容词或动词转变而来，不少是词组经过重新分析而成，都经历了漫长的时间进化。

第五章

元代新产生的副词

第一节 音节结构

元代新产生的副词共计 102 个，占元代副词总数的 24.3%。本节将从音节结构、构词方式、语义演变等角度对元代新产生的副词进行分析，探求元代新生副词的特点。

元代产生的副词按照音节数量的不同可以分为：单音节，双音节和三音节三种，具体如下：

单音节：别、畅1、畅2、多1、很、将2、子

双音节：暗里、不想、不由、畅道、畅好、的管、颠倒、兜地、多敢、多管、多亏、多应、多则、端实、顿然1、顿然2、敢不、敢则、各皆、共通、古自、怪道、果必、好生1、或间、急慌、极力、尽都、径直、俱各、亏杀、屡次、漫散、猛可、猛然、莫不、偶尔、怕不、恰便、恰才、权且、却才、徒自、尚自、实实、适才、死活、脱地、一径、一就、一迷、一味、委实、兀自、毋得、毋令、毋致、想必、幸实、须索、犹然、再四、早是、则管、乍地、辄便、正在、只好、只管、至少、直然、逐日、子管、子是

三音节：背地里、大刚来、大刚是、独自个、迭不的、怪不得、急慌慌、急煎煎、莫不是、怕不待、平白里、尚古自、尚兀自、一迷的、一迷地、一迷里、暂时间、早难道、则管里、止不过、逐一个

单音节副词 7 个，双音节副词 74 个，三音节副词 21 个，可以看出元代新产生的词中双音节词占绝大多数。

冯胜利指出汉语中只有两种自然的独立音步："双音节和三音节，

其他音节都是这些独立音步的重新组合。"① 元代是近代汉语的重要发展时期，这一时期形成的新副词，主要是双音节，其次是三音节，这很符合汉语的自然音步原则。并且元代流传下来最多、最主要的文体形式是"杂剧"和"散曲"，这种说唱文体形式对韵律要求更严格，因此促使符合自然音步需求的词的丰富。也就是说汉语中的独立音步规律以及说唱文体的特殊要求，使得元代产生的副词多是双音节和三音节。

既然都是自然独立音步，为什么双音节数量要远远多于三音节？这其中非常重要的原因就是汉语发展的双音化趋势，这个趋势自东汉已经很明显。杨林认为："所谓汉语词汇的复音化，其实质是：汉民族自古以来在讲话作文时惯于以两个音节为一拍，喜欢成对地使用词语，而语言工作者在确定词的身份的时候也以双音作为十分重要的原则，客观使用与主观认同相结合，就有了汉语词汇复音化的结果。"② 另外我们认为，先秦汉语以单音节为主，随着社会发展以及人们的思维认识的丰富和深化，必然要求语言不断发展，满足语言表达的需要。但语言的发展不是突发的，而是循序渐进地进行，所以词汇的发展是由单音节发展为双音节，而不是由单音节直接跳跃到三音节。并且，双音节词汇完全能够满足表达元代语言表达的需要，所以汉语仍然更多地倾向于双音节，而不是三音节。相对而言，元代三音节副词数量多，增长速度快，这与元代的说唱文体有关系，与元代少数民族语言影响也有不少关系，这值得深入研究。

第二节 构词方式

根据结构方式的不同，元代新生副词可以分为以下几类：

---

① 冯胜利：《论汉语的自然音步》，《中国语文》1998 年第 3 期。
② 杨琳：《汉语词汇复音化新论》，《烟台大学学报》1995 年第 4 期。

一 单纯词

元代新生的副词中单纯副词并不多,关于这些单纯副词的来源与发展,我们将会在下部分分析。

二 复合词

根据结构不同可以分为复合式和附加式:

1. 复合式

元代复合式副词结构方式主要有并列型、述宾型和重新分析型三种,其中重新分析型是占绝大多数,重新分析形成的复合词是经过长期历史发展而最后形成的,有的是由跨层结构凝固而成,如"想必","想"动词,一般在句子中做谓语。"必"副词,一般在句子中做状语。随着语言的发展,"想"逐渐演变出"猜测"义,随着与"必"一起连用频率的增加,经过人们的重新分析,最终形成的表示推测类的副词"想必"。

近代汉语中还出现了一些重叠副词,这些副词中,有的拆开单独使用时仍为副词,如"实实"为确认强调副词,拆开之后"实"也是表示确认强调的副词,重叠之后词的词汇意义没有变化,只是语气更强烈,表达效果明显,这种重叠式的副词往往是适应表达需要而出现的,更多的是为了完成修辞效果。但有的重叠副词拆开之后就不能再单独做副词,如"看看"表逐渐类副词,带有将来意味,拆开之后"看",不再具有副词的意义和作用。我们认为,时间副词"看看"是由动词重叠形式"看看"虚化而来,由表示动作行为转变为表示动作行为的时间,是由动作域向时间域的转变。对于这些特殊形式的副词,在研究中要重点研究。对于复合词的结构方式,我们将在"来源和发展"中做出详细分析。

2. 附加式

元代新生的附加式副词全是词根+词尾的形式。关于近代汉语词尾确定的原则和标准,杨荣祥有过详细论述:"第一,和前面的词根语素紧密地结合在一起,构成一个合成副词,与词根语素只有位置上

（后附）的关系，没有意义上的联系。第二，不再具有实在的词汇意义，主要作用是使前面的单音节词根语素复音节化。第三，能附加于不同的词根语素构成副词。我们将以此来作为判定元代副词词尾的重要依据。"[①]

元代附加式副词主要有以下几种：

X+道：畅道、怪道

X+地：兜地、脱地、乍地

X+个：独自个、逐一个

X+可：猛可

X+里：暗里

X+然：顿然1、猛然、直然

X+则：多则、敢则

X+生：好生1

X+是：子是

X+自：古自、尚自、兀自、徒自

近代汉语中作为副词词尾的主要有：生、地、可、然、里、自、道、个、则、是。这些副词词尾在元代仍然都具有一定的活力，尤其是"地"、"然"、"则"、"道"、"自"，构词能力相对较高。关于这些副词词尾的由来和发展，杨荣祥对"生、地、可、然、里、自、道、个"做过详细分析，张振羽对副词词尾"则"做过详细分析，所以我们在此不再赘述。志村良治对副词词尾"是"做过一定的分析，但是没有指出"是"词尾的由来，我们将对"是"词尾的由来进行简单的分析。

我们调查发现"是"在中古时期就出现了表示强调作用的用例，如：

(1) 我是嗣，是我一身之罚。（搜神记）
(2) 是日日夜夜练神兵。（庐山远公话）

[①] 杨荣祥：《近代汉语副词研究》，商务印书馆2005年版，第165页。

在上述两个例子中"是"已经不再是系词，而是具有提示句子信息的作用焦点标记，具有强调的功能，语法功能意义远远大于实际词义，这为实词最终转化为词缀奠定了基础。

进入近代汉语时期，随着口语文学的逐渐流行，"是"作为焦点标记的用法逐渐被人们普遍接受。"是"使用范围越来越广，无论是诗歌辞赋、还是传奇小说，"是"都有出现。并且这一时期"是"逐渐与其他词连用在一起，形成许多新的结构，如：

（1）少府公<u>乃是</u>仙才，本非凡俗。（游仙窟）
（2）未关双眼曲，<u>直是</u>寸心偏。（游仙窟）

在上述例子中，"乃""直"都是表示确认强调的副词，在句子中做状语，对整个谓语进行强调。"是"在上述两个例子中作为焦点标记，同样具有对句子谓语进行强调的作用，根据句子表达的经济原则，具有相同作用的两个词必然一方会成为羡余成，被弱化。"是"在句子中发挥提示焦点的作用，强调作用本来相对比较弱，因此更容易被人们弱化，在这种劣势下，人们就将焦点标记"是"与前面带有强调意味的副词看作一个词，随着使用频率的增加，这种结构形式被固定，因为没有实际意义，因此被分析为词缀。因为"是"由表示强调作用的焦点标记虚化而来，因此只有那些带有强调情感的词与"是"结合，"是"才能成为词缀，反之则不能看作词缀。这种构词法大约产生于魏晋时期，活跃于近代汉语时期，产生了大量的副词，如：须是、全是、浑是、总是、尽是、早是等，这种构词法在现代汉语中已经消失。

志村良治说："在副词复合化的现象中，最活跃的是词尾化。这给副词词汇带来了很大的变化。"[①] 这些变化随着副词系统的逐渐稳定慢慢消失了，这些副词词尾在现代汉语中都已经失去了构词能力。

---

① 志村良治：《中国中世语法史研究》，江蓝生、白维国译，中华书局1995年版，第123页。

第三节　来源与演变

元代这些新生副词根据种类的不同，具体分析如下。

一　程度副词

元代产生的程度副词为：畅1、倒大来、多1、好生1、很

"畅1"表示最高度的程度副词，这个意义产生于元代，但在以后的时代里很少使用。"畅"作为最高程度副词在现代汉语中已经消失。关于副词义项的由来，我们将在"元代多义副词"一节中进行分析。

"倒大来"作为最高程度副词，相当于"倒大"，只是"倒大来"一般只用在句首，表示对整个句子或小句的修饰，而"倒大"则既可以位于句首，也可以位于句中，既可以修饰整个句子，也可以修饰句子中的谓语。"倒大来"只存在于元代，其他时代文献中没有见到，并且只出现在《元刊》和《散曲》中，所以我们推测"倒大来"其实是"倒大"适应唱文体韵律要求而出现的一个说唱变体，随着这种文体的减少，或消失，"倒大来"也就消失了。

"多1"作为最高程度副词，相当于"极"，这个词只用于感叹句中，表示对事物程度之高的感叹。"多1"程度副词的用法是从其表示数量多的意义中演变出来的，由表示事物数量大转化为表示程度高，是由数量域向感受域的转化，该词一直沿用到现代汉语中。

"好生1"作为最高程度，在元代文献中只用于感叹句，表示对至高程度的感叹，是由表示情状方式的"好生2"转变而来，"好生2"一般是动作行为进行的方式是比较当心、用心，"好生2"转变为"好生1"是由动作行为方式转向动作行为达到的程度，实际是从动作域转变为程度域，该词也一直沿用到现代汉语中。

"很"表示最高程度，这个词虽然至迟出现在元代，在近代汉语中出现比较少，但是在现代汉语中使用比较多，是同类词中重要核心成员。关于"很"的由来郑宏做过详细分析，我们在此不再赘述。

总之，元代产生的程度副词都是表示最高度的，可见副词内部之间是不平衡的。至于出现如此多的最高度程度副词的原因，我们认为有以下两个原因：

第一，随着社会发展，事物或行为变得越来越复杂，要求更多的词汇对此进行表达。

第二，随着思维的发展，人们对事物的认识越来越多，越来越深入细致，并且人们对极高程度的关注往往更多，这需要更多的高度词进行表达。

总之，在上述两种需求下，最高度程度副词成为同类词中更新最快的次类。

二 范围副词

各皆、尽都、俱各、只好、至少、止不过、子、子是、共通

"各皆"、"俱各"、"尽都"是总括范围副词，都是复合式合成词。"各皆""俱各"二者都是偏义词，前者的语义重点在"皆"，后者的语义重点在"俱"，二者是受句法影响而凝固在一起的合成词，二者在近代汉语中使用比率都非常低，在现代汉语中都已经消失；"尽都"是并列式的合成词，二者是同义词连用，二者因为经常在并列使用，随着使用频率的增加，而被重新分析为一个词，这个词在元明时期使用也比较少，现代汉语中已经消失。

"只好、至少、止不过、子、子是"是限定范围副词，"只好"实际意义相当于"只"，二者在实际语言运用中，随着"好"意义的虚化，凝固为一个词。这个词自产生以来，在元明时期使用比率一直不高，但一直沿用到现代汉语中，是现代汉语同类词中的核心成员。

"至少"表示对数量的限制，为偏正式的复合词，"至""少"二者由于组合使用频率比较高，又经常出现在状语的位置，因此凝固为一个词，这个词一直沿用到现代汉语中，是同类词中的常用成员。

"止不过"是"止"与副词性合成词素"不过"组合而成，这个词实际意义等于"不过"。"止"相当于限定副词"只"，这种用法在

先秦时期已经出现。"止"与"不过"属于近义词连用，随着连用频率增加，经过重新分析之后，二者转化为一个词。这个词一直沿用到现代汉语中，但是使用数量非常少。

"子"作为限定副词相当于"只"，"子"之所以能够成为限定副词重要原因也是与"只"读音相似。"只"在上古已经成为限定副词，二者读音相似，所以存在转化。

"子是"是附加式合成词，在元代只用于《杂剧》和《散曲》中。"子"在元代是很活跃的限定副词，"是"在中古已经是比较常见的副词词尾，二者是为了满足文体对韵律的要求，因此就结合在一起凝固为新词。这个词在以后的时代使用很少，在现代汉语中，已经消失。

"共通"是统计副词，"共"和"通"在中古已经出现，二者都表示对对象数量的统计，属于同义词连用，随着连用频率的逐渐增加，经过重新分析之后，凝固为一个词。其实在唐代已经产生了"通共"一词，二者实际应该是异序词。这个词在在现代汉语中已经消失。

总之，元代产生的范围副词中，限定范围副词最多，总括范围副词次之，统计副词再次之，类同副词没有。可以看出，范围副词内部发展变化也很不平衡。

三　时间副词

恰才、却才、适才、正在、兜地、顿然1、猛然、猛可、脱地、乍地、辄便、直然、古自、尚古自、尚自、尚兀自、兀自、一迷、一迷的、一迷地、一迷里、犹然、权且、暂时间、看看、逐日、或间、偶尔

"恰才、却才、适才"都是表示过去时间副词，表示事情刚刚发生过去，相当于"刚才"。三者都是复合式合成词，三者都带有一定的评价语气。"恰才"使用频率要高于"却才、适才"。"恰才、适才"延续到现代汉语中，但使用数量非常少。

"正在"作为现在类时间副词，是经过重新分析形成的，在近代

汉语中使用比率不高，但一直沿用到现代汉语中。

"兜地、顿然1、猛然、猛可、脱地、乍地、辄便、直然"都是表示短暂、突发类的时间副词，这些副词除"辄便"外，都是附加式合成词，"兜地、脱地、乍地"是"兜、脱、乍"与副词词缀"地"组合而成，"顿然1、猛然、直然"是"顿、猛、直"与副词词缀"然"组合而成，"猛可"是"猛"与副词词缀"可"组合而成，关于副词词缀上面已经讲过，在此不再赘述。"辄便"相当于"随即"，这个词在元明时期有一定的使用范围。这些词在现代汉语中已经消失。

"古自、尚古自、尚自、兀自、尚兀自、一迷、一迷的、一迷地、一迷里、犹然"都是表示持续类的时间副词，"古自、尚古自"是同义词，后者是在前者的基础上产生的，是并列式的合成词，是同意连用，经过重新分析而形成的。"兀自、尚兀自"二者的关系亦是如此。"尚自"是副词"尚"与副词性词缀"自"形成的附加式副词，意义等于"尚"。"一迷的、一迷地、一迷里"都是副词"一迷"与副词词缀"地（的）、里"组合而成，意义等于"一迷"。"犹然"是副词"犹"与副词词缀"然"的组合，意义等于"犹"，"犹"作为持续类时间副词，在上古已经出现。这些词在现代汉语中都已经消失。

"权且、暂时间"是暂且类时间副词，"权且"是并列合成词，"权"和"且"属于同意连用被重新分析而成，这个词一直沿用到现代汉语中，但是使用数量不多。"暂时间"相当于时间副词"暂时"，这个词只出现在元代，我们猜测这个词是为适应唱词韵律需求而出现的，使用数量非常多，并且只出现在说唱文学中。

"逐日"是逐渐类时间副词，为动宾式复合词，意义相当于"逐渐"，这个词在元代凝固并不是很紧密，到现在依然不是很紧密。

"或间、偶尔"是不定类时间副词，"或间"相当于"间或"二者实际是异序词，这个词在现代汉语中已经消失了。"偶尔"虽然出现比较晚，但是自出现以来使用比率一直不低，尤其是在现代汉语中，是同类词中的重要常用成员。

总之，元代出现的时间副词相对比较多，证明时间副词系统的变化比较大。时间副词内部的变化很不不平衡，许多时间副词出现了很多新词,如持续类时间副词出现了10个新词,但是有的时间副词则没有变化或者变化比较小,如现在类、将来类等。新生时间副词出现的越少,该类时间副词越稳定,反之亦然。在元代出现的时间副词使用率普遍不高,沿用到现代的也不多。这也表现出了时间副词的不稳定性。

四　情状方式副词

独自个、不由、漫散、平白里、逐一个、暗里、背地里、私地下、迭不的、急慌、急慌慌、急煎煎、徒自、的管、径直、一径、一就、一味、则管、则管里、只管、只管里、子管、子管里、将2、屡次、再四

"独自个"是表示独自类的情状方式副词,是附加式合成词,"独自"与副词词缀"个"的合成,意义相当于"独自",这个词在元代使用比率非常低,在现代汉语中已经消失。

"不由、漫散、平白里"表示无意、任意类的情状方式副词,"不由"是否定副词"不"与"由"组合而成,由于使用频率比较高,经过重新分析之后,转变为一个词。这个词一直沿用到现代汉语中,并且是同类词中的核心成员。"漫散"表示动作行为缓慢无顺序等,这个词是并列式合成词,在现代汉语中已经消失。"平白里"是附加式合成词,是副词"平白"与副词词缀"里"组合而成,这个词在近代汉语中使用比率很低,在现代汉语中已经消失。

"逐一个"是表示逐一的情状方式副词,相当于"逐一",是附加式合成词。是副词"逐一"与后缀"个"组合而成,这个词在近代汉语中使用非常少,在现代汉语中已经消失。

"暗里、背地里、私地下"是表示暗然类情状方式副词,"暗里"和"背地里"都是附加式合成词,是副词词根"暗"、"背地"与副词词缀"里"的组合。"暗里"在近代汉语中使用比较少,在现代汉语中已经消失。"背地里"在近代汉语中使用比较少,但是在现代汉语中使用比较多,是同类词中的重要成员。"私地下"意义相当于"私下","私下"至迟出现在宋代,如司马光《乞罢免役钱依旧差役

札子》:"诸州所差之人,若正身自愿充役者,即令充役,不愿充役者,任便选雇有行止人自代,其雇钱多少,私下商量。"我们推测"私地下"是"私下"在元代一种口语变体,后来演化为"私底下",这个词只在《刑部卷》中出现过一次,其余时代使用比率极低。

"迭不的、急慌、急慌慌、急煎煎"表示着急类情状方式副词,"迭不的"相当于"迭不得"是补充式副词,这个词是典型的跨层结构,由于使用频率高,时间长,被重新分析而成。这个词在近代汉语中使用比较少,但是一直沿用到现代汉语中,使用并不多。"急慌"并列式合成副词,"急"和"慌"是同义词连用,二者紧密结合凝固而成。"急慌慌"是在"急慌"的基础上形成的,二者语义相同,只是"前者"的语气更加强烈一些。这些词的在近代汉语中使用很少,在现代汉语中已经消失。

"徒自"表示徒然,是副词"徒"与副词词缀"自"组合而成,意义相当于"徒"。这个词在近代汉语中使用比率很低,一直沿用到现代汉语中,但是使用数量很少。

"的管、径直、一径、一就、一味、则管、则管里、只管、只管里、子管、子管里"表示直接类副词,"径直"属于并列合成词,相当于"径",是"径"和"直"的组合,属于同义词连用而形成的副词。"一径、一就、一味"属于"一+X"式的构词方式,如果X是动词,表示动作行为发生的比较快,X不是动词,则表示事情比较直接,不经过其他考虑,直接或只顾,随着使用频率增多,使用时间增长,该结构便形成了表"直接"的意义。当"X"不再是动词时,该结构仍然具有"直接"类的意义,这个结构意义一直沿用到现代汉语中。"的管、则管、只管、子管"是在元代形成的,至于构词形式不是很清楚,"则管里、只管里、子管里"则是在前些词的基础上加副词后缀"里"组合而成,这些词在现代汉语中都已经消失了。

"将2、屡次、再四"是重复类的情状方式副词,"将2"表示重复,相当于"又",这个词在元代文献中仅仅出现1例,在明代文献中也很少,但现代汉语使用数量相对较高。"屡次"是补充式合成词,相当于"屡",这个词在近代汉语使用比率一直不高,但是在现代汉语中使用比率则相对较高。"再四"相当于"再三",在元明时期使用比率一直不高,这个词实际是对"再三"的一种变形使用,二者语义、功能完全一致,在语言经济原则的作用下,在现代汉语时期已经消失了。

总之,元代出现了不少新的情状方式是副词,但是分布也是极不平衡,有的次类副词出现的很少,例如表独自亲自类,有的出现的很多,例如表径直类等,这些主要是由当社会的行为方式决定的,这些词不少成为在现代汉语中成为活跃成员。

五　否定副词

别、毋得、毋致、毋令

"别"禁止类副词,仅仅在《典章》中出现1例,可见使用数量非常少,这个词在明代使用也非常少,但是在现代汉语中使用则比较多。"毋得、毋致、毋令"这些词只出现在《刑部》中,并且使用数量非常少,我们推测这种词在当时使用范围非常小,仅仅限于法律文体。"毋得"在明代也出现过,但是使用也非常少。这3个词在现代汉语中已经消失。

总之,在元代新产生的否定副词都是表示禁止类的副词,其他种类副词几乎全部由上古或中古继承而来,这一方面表示出那些词的稳定性和生命力,另一方面也表现出否定副词系统的成熟性。

六　语气副词

畅2、到底2、端实、顿然2、敢不、果必、恰便、千万、实实、死活、委实、幸实、须索、元来、果必、恰便、实实、死活、委实、幸实、多敢、多管、多则、敢则、怕不、想必、怕不待、岂止、早难道、莫不、莫不是、不想、畅道、畅好、颠倒、多亏、怪不得、怪道、亏杀、生、早是

"畅2、到底2、端实、顿然2、敢不、果必、恰便、千万、实实、死活、委实、幸实、须索、元来"表示确认强调语气,"端实"是并列式合成词,"端"和"实"都是确认强调类副词,二者连用,加强

语气，随着使用频率增加而凝固一个词，这个词在近代汉语中使用比率不高，在现代汉语中已经消失；"敢不"是经过重新分析形成的副词，相当于"一定"，这两个词只出现在元代，使用比率一直很低，在现代汉语中已经消失。

"果必"是并列合成词，"果"表示强调，"必"表示确定强调，二者是近义词连用，使肯定语气更加强烈。这个词是经过长久词汇化的过程最终形成的，在元代使用比率非常低，在现代汉语中已经消失。消失的原因主要在于以下几点：第一，词的非典型性。在一个典型的词中，其中一个语素的黏着性要比较明显，并且词义要远远大于词素意义的相加，而"果"和"必"的黏着性都不高，二者语素意义之和与凝固之后的词义相差不大，因此不具有词的典型性。第二，使用频率低。这个词至迟出现在元代，在元代使用数量非常少，在以后的时代使用率也很少，因此没有得到人们认可。第三，语言系统的自我调节。在元代表示确认强调的副词数量最多，发展最快，在众多新出现的词中，语言系统会根据语言规律和人们的使用状况做出调节，于是这个非典型的、使用率比较低的词，在现代汉语中就消失了。

"恰便"相当于"恰1"，是经过重新分析而形成的副词，"恰"与"便"经常一起出现在句子的状语位置，随着"便"意义的虚化，"恰便"就凝固为同一个词，这个词在元代使用比率并不高，在现代汉语中已经消失。

"实实"相当于"实"，是重叠副词，语气比"实"要强烈。元代之所以要出现这种重叠形式，主要是双音化趋势影响，同时也是满足说唱文学对韵律音节的需求。这个词在元代使用率很低，在现代汉语中已经消失。

"死活"并列合成词，意义相当于"务必"，这个词是由两个反义语素组合而成，这个词是由于经常出现在状语位置，而意义不断虚化而成，这个词在近代汉语中使用并不多，但是一直沿用到现代汉语中。关于这个词的虚化过程，王天佑在《"死活"考释》中做出了一定的分析，我们需要指出，"死活"作为副词其实在元代已经出现，并且能够出现虚化的一个心理机制是认知的转变，由实际存在域向情感表域的转变，其中隐喻是其转变的重要机制。

"委实"并列合成词，由是表示确认强调的副词"委"和"实"并列连用形成的副词，这个词的语气比二者单独使用要强烈，表达效果好。二者是以因为经常连用，又出现在状语位置，所以虚化为副词。这个词在元代使用率很低，在现代汉语中已经消失。

"幸实"偏正式合成词，相当于"实"，二者是随着"幸"意的虚化而逐渐凝固而成，其中双音化趋势、经常出现在状语位置是其演变的重要原因。这个词在元代使用比率很少，在现代汉语中已经消失。

"须索"相当于"须"，表示一种非常确定的推测，二者是随着"索"意义的虚化而最终形成的，当然句法位置也发挥重要作用。这个词在元代使用比率并不高，在现代汉语中已经消失。

"多敢、多管、多则、敢则、怕不、想必"是委婉推测类语气副词。"多敢、多管"相当于表示推测的副词"多2"，二者是因为经常出现在状语的位置上，所以随着后面语素意义的虚化，二者逐渐凝固为一个词，这两个词在近代汉语中使用比率并不高，在现代汉语中已经消失；"多则、敢则"是附加式合成词，是副词"多"、"敢"与后缀"则"组合而成，这两个词是受汉语双音化趋势以及说唱文学对韵律的特殊要求产生的，这两个词在近代汉语中使用比率不高，在现代汉语中已经消失；"怕不"相当于推测副词"怕"，二者是随着"不"的虚化，凝固而成，这个词在近代汉语中使用不多，在现代汉语中已经消失；"想必"是经过重新分析而形成的副词，是随着"想"意义的虚化而成，这个词在近代汉语中使用比率不高，在现代汉语中因为词的非典型性以及同类词的竞争等原因，已经濒临消失，关于形成于消失的原因与过程，王灿龙有过详细论述，本书不再赘述。

"怕不待、岂止、早难道、莫不、莫不是"是疑问反诘类语气副词，"怕不待"相当于"难道不"，这个词在近代汉语中使用比率一直不高，在现代汉语中已经消失；"岂止"相当于"岂"，随着"止"的虚化，二者最终凝固成词，在近代汉语中使用比率不高，在现代汉语中使用比率相对较高；"早难道"相当于"难道"，是随着"早"的虚化最终结合在一起，在近代汉语中使用比率不高，在现代汉语中已经消失；"莫不、莫不是"都相当于"莫"，随着"不"的虚化，"莫不"最终形成，"莫不"与副词后缀"是"组合，最终形成"莫不是"，这两个词在现代汉语中一直是比较常用。

"不想、畅道、畅好、颠倒、多亏、怪不得、怪道、亏杀、生、早是"是评价类语气副词。"不想"相当于"竟"，表示预料不到，这个词是因为经常出现在状语位置，随着使用频率的增加，逐渐凝固为一个词，这个词在近代汉语中使用比率不高，但是一直沿用到现代汉语中；"畅道、畅好"相当于"恰好"，是偏正式复合词，在现代汉语普通话中已经消失，但是"畅好"在福州方言中依然存在；"颠倒"相当于"倒"，随着"颠"意义的虚化而最终凝固在一起，这个词在现代汉语中已经消失；"多亏"是偏正式合成词，因为经常出现在状语的位置，逐渐凝固化，这个词在近代汉语中使用比率不多，但是在现代汉语中使用比率还不低；"怪不得"经常出现在状语位置，随着使用频率的增加，经过重新分析之后形成词，这个词在近代汉语中使用频率不高，但是在现代汉语中使用频率不低；"怪道"是"怪"与副词词缀"道"组合而成，意义相当于"怪不得"，这个词是受双音化影响而出现的；"亏杀"相当于副词"亏"，"杀"相当于词缀"煞"，受双音化趋势影响而出现，这个词在近代汉语中使用比率很低，在现代汉语中已经消失；"早是"相当于"恰好、幸好"，这个词是附加式复合词，是副词"早"与副词词缀"是"组合而成；"早"在宋代出现表示"幸好"的副词意义，随着双音化趋势的增强，在元代出现了"早是"的附加式合成词，该词在元代使用比率很低，在现代汉语中已经消失。

语气副词是副词系统中变化最快、发展最复杂的一类副词，因为人们的情感语气与态度是复杂而多变的。语气副词内部发展也表现的很不相同，其中确认强调类和评价类的副词出现的最多，委婉推测类和疑问反诘类的副词相对较少，后者相对前者稳定性更高。

小结

　　元代受民族融合的影响，语言比较复杂，词汇相对比较丰富，元代新出现的副词有 102 个，占副词总数的 20%以上，可见这一时期出现的新词不少。这些新词中双音节的占大多数，单音节数量比较少，相对于其他时代而言，这一时期三音节词增加比较多，双音节副词多是附加式，即词根+后缀的形式。这一时期近代汉语中的副词词缀都继续处在活跃的状态中。元代副词发展表现出很大的不平衡性，有的新出现的词比较多，变化比较大，有的则出现的很少，变化比较少，往往新词出现的越多，变化越大，发展越不稳定，反之亦然。元代新出现的副词具有很强的不稳定性，新产生的双音节副词很少能够沿用到现在。元代新产生的副词中，单音节副词一般由认知域的转变而形成，而双音节副词则多是跨层结构或经常连用而被重新分析而成，这些都与句法位置关系密切。

第六章

元代多义副词

多义副词是具有两个或两个以上副词义项的副词，一般具有几个义项我们就标记几个阿拉伯数字。本节将对出现在元代的多义副词进行分析，探讨多义词的各个义项之间的关系，我们对多义词的考察只限于出现在元代文献中的主要义项。

元代出现的多义副词并不是很多，具体如下：

才、畅、到底、多、顿然、刚、更、还、好生、将、竟、绝、聊、莫、恰、全、稍、特、勿、辄、正1、直、专，共计23个，具体分析如下。

第一节　才、畅、到底、多、顿然、刚

才

"才"在元代作为副词具有两个义项：才1和才2

"才1"限定范围副词，如：

（1）才到迤北，定是货卖作驱。(刑部·卷十九)

"才2"时间副词，如：

（2）你才发昏半日。你平昔爱的好衣服，都与你穿在身上，可知沉重。(岳孔目借铁拐李还魂第二折)

二者在上古或中古已经出现，如："才1"：《汉书·晁错传》："救之，少发则不足，多发，远县才至，则胡又已去。""才2"：《汉书·贾山传》："秦始皇计其功德，度其后嗣，世世无穷，然身死才数月耳，天下四面攻之，宗庙灭绝矣。""才2"的使用比率要高于"才1"。至于副词义项的由来以及副词义项之间的关系还需要进一步考察。这两个义项一直沿用到现代汉语，可见在汉语史中还是比较稳定的。

畅

"畅"作为副词在元代具有两个义项：畅1、畅2

"畅1"最高程度副词，如：

（1）【喜迁莺】畅豪奢，听鼓吹喧天那欢悦。（【黄钟】醉花阴曾瑞）

"畅2"确认强调语气副词，如：

（2）【醉春风】黄花红叶满秋山，此景畅是好、好、好。（【中吕】粉蝶儿王仲元）

"畅1"作为程度副词至迟出现在元代，在近代汉语中使用比率不高。"畅2"确认强调语气至迟出现在元代，在近代汉语中使用比率也不高。程度副词中那些最高度程度副词往往都具有强调的语气，随着程度意义的弱化和强调意义的凸显，"畅1"逐渐转化为"畅2"，是由程度域向情感域的转变。这两个义项在现代汉语中都已经消失，在方言中是否存在，还需要进一步考察。

到底

"到底"作为副词，在元代具有两个义项：到底1、到底2

"到底1"时间副词，如：

(1) 官品极，<u>到底</u>成何济！归，学取他渊明醉。(【双调】碧玉箫关汉卿)

"到底2"语气副词，如：

(2) 到了偏咱，<u>到底</u>亏他，不信情杂，忘了人那！(【双调】蟾宫曲卢挚)

"到底1"作为时间副词产生在近代，是由形容词意义直接转化而来，是由性质状态域向时间域的转化，由空间向时间的转变，是副词来源的重要方式。"到底2"至迟出现在宋代，是在"到底1"的基础上产生的。表示最终类的时间副词，处在时间线条的最末端，因而容易具有强调意味，所以在句法因素的作用下，时间意义弱化，强调意义凸显，最终由时间副词转变为语气副词，是由时间域向情感域的转变。这两个义项一直沿用到现代汉语中，可见在汉语史中还是比较稳定的。

多

"多"在元代作为副词具有两个义项：多1和多2。
"多1"最高程度副词，如：

(1)【叨叨令】那一柄青龙刀落处都<u>多</u>透！(关大王单刀会第一折)

"多2"推测类语气副词，如：

(2) 见三匹金鞍马拴在老桑树，<u>多</u>敢是国戚皇族。(好酒赵元遇上皇第二折)

"多1"一般多用于感叹句子中，是由形容词在语境的诱导下转变而来，在近代汉语中的使用比率不高。"多2"在近代汉语中的使用比率也不高，但是在元代"多2"的使用比率要高于"多1"。"多2"产生时代要早于"多1"，至于二者之间是否存在联系，以及具体关系还需要进一步考察。这两个义项都沿用到现代汉语中，可见在汉语史中发展还是比较稳定的。

顿然

"顿然"作为副词在元代具有两个义项：顿然1、顿然2。
"顿然1"表示突发类时间副词，如：

（1）【下山虎】猛可里祆神庙顿然火烧，险把蓝桥水淹倒。（【越调】小桃红王元和）

"顿然2"表示确认强调类语气副词，如：

（2）霍雄答曰："启覆招讨，若要吾邦顿然不允。须用苦死交战一场，然后商议。"（秦并六国平话·卷中）

"顿然1"作为突然类时间副词，至迟出现在元代，在近代汉语中使用比率一直不高。"顿然2"作为强调类语气副词也至迟出现在元代，在近代汉语中的使用比率也不高。"顿然2"是在"顿然1"的基础上产生的，突发类的时间副词不可避免的具有强调意义，在语境的诱发下，突发意义虚化，强调意义凸显，于是"顿然1"就转化为"顿然2"，是由时间域向情感域的转变。

刚

"刚"作为副词在元代具有两个义项：刚1、刚2。
"刚1"限定范围副词，如：

（1）【清江引】说归甚日归？待罢何时罢？梦儿中见他刚半

霎。(【双调】新水令童童学士)

"刚2"过去类时间副词，如：

(2)【滚绣球】俺哥哥惹近远也刚道了往来劳困。(张千替杀妻第二折)

"刚1"作为限定副词，相当于"才"，主观性比较强，至迟出现在唐代，在近代汉语中使用比率一直很低。"刚2"作为时间副词，在上古已经产生，在近代汉语中使用比率也不高。至于副词义项的由来以及副词义项之间的关系还需要进一步考察。这两个义项一直沿用到现代汉语，可见在汉语史中还是比较稳定的。

第二节　更、还、好生、将、竟、绝

更

"更"作为副词在元代具有两个义项：更1、更2。
"更1"次高度程度副词，如：

(1)【幺篇】告上圣：若借与此人二十年富贵，更是无礼。(看钱奴买冤家债主第一折)

"更2"累加时间副词，如：

(2)休烦恼，劝君更尽一杯酒，人生会少，富贵功名有定分。(【大石调】阳关三叠无名氏)

"更1"作为程度副词在上古已经出现，如《战国策·韩策一》：

"与之,即无地以给之;不与,则弃前功,而后更受其祸。"自产生以来使用比率一直比较高,是同类词中的常用成员。"更2"作为累加副词在上古也已经产生,如:《左传·僖公五年》:"在此行也,晋不更举矣。"在近代汉语中的使用比率一直不高。至于副词义项的由来以及副词义项之间的关系还需要进一步考察。这两个义项一直沿用到现代汉语,可见在汉语史中还是比较稳定的。

还

"还"作为副词在元代具有两个义项:还1、还2。
"还1"持续类时间副词,如:

(1)【尧民歌】今日人还害你你何如?(赵氏孤儿第四折)

"还2"评价类语气副词,如:

(2)【调笑令】这厮短命,没前程,做得个轻人还自轻!(诈妮子调风月第三折)

"还1"作为持续类时间副词,在中古已经出现,如陶潜《读〈山海经〉诗》:"既耕亦已种,且还读我书。"在近代汉语中使用比率不稳定。"还2"作为评价类语气副词,至迟出现在元代,在近代汉语中使用比率一直很低。至于副词义项的由来以及副词义项之间的关系还需要进一步考察。这两个义项一直沿用到现代汉语,可见在汉语史中还是比较稳定的。

好生

"好生"作为副词在元代具有两个义项:好生1、好生2。
"好生1"最高度程度副词,如:

(1)吃的饱那不饱?我好生饱了。(老乞大·卷上)

"好生2"表极力类情状方式副词,

（2）【迎仙客】你家中有小太子重耳，好生将得项上头来便休！（晋文公火烧介子推第三折）

"好生1"作为程度副词，至迟出现在元代，在近代汉语中使用比率不高。"好生2"作为情状方式副词，至迟出现在唐代，在近代汉语中使用比率比较高，在元代是同类词中的常用成员。"好生1"是在"好生2"的基础上转变而来，是由动作行为方式转化为行为方式的结果，是由方式域转向结果程度域。这两个义项一直沿用到现代汉语中，可见在二者在汉语史中还是比较稳定的。

将

"将"作为副词在元代具有两个义项：将1、将2。

"将1"将来时间副词，如：

（1）野鹤才鸣罢，山猿又复啼，压松梢月轮将坠。（【双调】落梅引张养浩）

"将2"重复类情状方式副词，如：

（2）【元和令】为甚么嫂嫂意留连，将言又不言？（张千替杀妻第一折）

"将1"作为时间副词在上古已经出现，如《左传·宣公六年》："中行桓子曰：'使疾其民，以盈其贯，将可殪也。'"在近代汉语中使用比率不是很稳定。"将2"至迟出现在元代，在近代汉语中使用比率一直很低，至于副词义项的由来以及副词义项之间的关系还需要进一步考察。这两个义项一直沿用到现代汉语，可见在汉语史中还是比较稳定的。

竟

"竟"作为副词在元代具有两个义项：竟1、竟2。
"竟1"最终类时间副词，如：

(1) 神器有归，竟输于宽仁爱人沛公。(秦并六国平话·卷下)

"竟2"评价类语气副词，如：

(2) 积粟成尘竟不开，谁知拒谏剖贤才；(武王伐纣平话·卷中)

二者在上古或中古已经出现，如："竟1"：《史记·陈涉世家》："陈胜虽已死，其所置遣侯王将相竟亡秦，由涉首事也。""竟2"：《史记·陈丞相世家论》："及吕后时，事多故矣，然平竟自脱，定宗庙，以荣名终，称贤相。"相对而言，"竟1"在元代的使用比率要高于"竟2"，但是"竟1"在现代汉语中很少单独出现，一般作为语素出现，"竟2"在现代汉语中使用比率相对较高。至于副词义项的由来以及副词义项之间的关系还需要进一步考察。

绝

"绝"作为副词具有两个义项：绝1、绝2。
"绝1"表示最高度的程度副词，如：

(1) 文王诣翌日绝早出虢县，南约行到五七里之地，文王见喜气来朝，百鸟皆鸣。(武王伐纣平话·卷下)

"绝2"表确认强调语气副词，如：

(2) 夫亡不嫁者，<u>绝</u>无有也。(刑部·卷四)

"绝1"在上古已经出现，如《诗·小雅·正月》："终踰绝险，曾是不意。"至于副词意义的由来无从考证。"绝2"出现时间较晚，是在"绝1"的基础上虚化而来，"绝1"最高程度副词往往带有一定的强调语气，随着"绝1"程度意义的虚化以及强调意义的突出，"绝1"最终转化为"绝2"，是由程度域向情感域的转变。二者一直沿用到现代汉语中，可见在汉语史中发展还是比较稳定的。

第三节　聊、莫、恰、全、稍、特

聊

"聊"作为副词在元代具有两个义项：聊1、聊2。
"聊1"轻微度程度副词，如：

(1) 臣施一小计，<u>聊</u>损他兵。(秦并六国平话·卷上)

"聊2"暂且类时间副词，如：

(2) 有张飞言曰："此处不是咱坐处。二公不弃，就敞宅<u>聊</u>饮一杯。"(三国志平话·卷上)

"聊1"作为程度副词在上古已经出现，如徐干《室思》诗："良会未有期，中心摧且伤，不聊忧餐食，慊慊常饥空。"在近代汉语中使用比率并不稳定。"聊2"作为暂且类时间副词在上古也已经出现，如《诗·桧风·素冠》："我心伤悲兮，聊与子同归兮。"郑玄笺："聊，犹且也。且与子同归，欲之其家，观其居处。"在近代汉语中使用比率不高。至于副词义项的由来以及副词义项之间的关系还需要进一步考察。这两个义项一直沿用到现代汉语，可见在汉语史中还是比较稳定的。

莫

"莫"作为副词在元代具有三个义项：莫1、莫2、莫3。

"莫1"单纯否定副词，如：

(1)【尧民歌】我重吃了两个莫惊疑，你屈坏了三人待推谁？（东窗事犯第二折）

"莫2"禁止类否定副词，如：

(2) 休闲恼，莫伤怀，照管这家私里外，好觑付小婴孩。（张鼎智勘魔合罗楔子）

"莫3"疑问反诘副词，如：

(3) 武吉曰："有何事？莫与人相争之事？"（武王伐纣平话·卷中）

三者在上古或中古已经出现，如："莫1"：《诗·邶风·终风》："莫往莫来，悠悠我思。""莫2"：《史记·商君列传》："秦惠王车裂商君以徇，曰：'莫如商鞅反者！'""莫3"：《论语·述而》："文，莫吾犹人也。躬行君子，则吾未之有得。"朱熹集注："莫，疑词。"在近代汉语中的使用比率都不高，三者在现代汉语中都很少单独使用，一般作为语素出现。至于副词义项的由来以及副词义项之间的关系还需要进一步考察。

恰

"恰"作为副词在元代具有两个义项：恰1、恰2。

"恰1"确认强调类语气副词，如：

（1）【南吕】【一枝花】风又紧，雪又扑，恰浑如枕瀔筛扬，却便似持绵扯絮。（好酒赵元遇上皇第二折）

"恰2"评价类语气副词，如：

（2）【感皇恩】我恰待自饮芳醑，是谁唱叫喧呼？（好酒赵元遇上皇第二折）

二者在上古或中古已经出现，相对而言，在近代汉语中，"恰2"使用比率要高于"恰1"，二者都沿用到现代汉语中，但是很少单独使用，一般作为语素出现。至于副词义项的由来以及副词义项之间的关系还需要进一步考察。

全

"全"作为副词在元代具有两个义项：全1、全2。
"全1"总括范围副词，如：

（1）【五煞】凭大体呵则倚着急喉咙健啖是人中宝，论治道呵全靠那壮脾胃消食的是海上方。（死生交范张鸡黍第四折）

"全2"确认强调类语气副词，如：

（2）【斗鹌鹑】他每诚意诚心便休想，全不怕后人讲。（关大王单刀会第三折）

"全1"作为总括副词，上古已经出现，自产生以来使用比率一直很高。"全2"作为语气副词产生于中古，在近代汉语中使用比率一直不高。"全2"是在"全1"的基础上产生而来，表示总括的范围副词，往往带有强调语气，随着范围意义的弱化，强调意义的凸显，"全1"虚化为"全2"，是范围域向情感域的转变，这两个义项一直沿用到现代汉语中，可见在汉语史中还是比较稳定的。

稍

"稍"作为副词在元代具有两个义项：稍1、稍2。
"稍1"轻微度程度副词，如：

(1) 腰如弱柳，稍添些憔悴，微减动风流。(【中吕】满庭芳无名氏)

"稍2"逐渐类时间副词，如：

(2) 不觉半载，稍益近之。(秦并六国平话·卷下)

"稍1"作为轻微度副词在上古已经出现，如：《汉书·周勃传》："其后人有上书告勃欲反，下廷尉，逮捕勃，治之。勃恐，不知置辞，吏稍侵辱之。"在近代中使用比率还算比较高，"稍2"在上古也已经出现，如《史记·项羽本纪》："项王乃疑范增与汉有私，稍夺其权。"在近代汉语中使用比率并不高。至于副词义项的由来以及副词义项之间的关系还需要进一步考察。这两个义项一直沿用到现代汉语，可见在汉语史中还是比较稳定的。

特

"特"作为副词具有三个义项：特1、特2、特3。
"特1"最高度程度副词，如：

(1)【仙吕】【点绛唇】楚将极多，汉军微末，特轻可，战不到十合，向滩水河边破。(汉高皇濯足气英布第一折)

"特2"限定副词，如：

（2）【节节高犯】近新来特改的心肠硬，全不问人绣帏帐罗衾剩，接双栖鸳枕共谁并？（【黄钟】醉花阴侯正卿）

"特3"表示特意类的情状方式副词，如：

（3）【菩萨梁州】特遣天臣，把贤良访问。（泰华山陈抟高卧第二折）

"特1"程度副词，在中古已经出现，如《尹文子·大道上》："趋利之情，不肖特厚。""特2"限定副词，在上古已经出现，如：《韩非子·外储说左上》："妻止之曰：'特与婴儿戏耳！'"二者在近代汉语中使用比率一直都不高。"特3"情状方式副词，在上古已经出现，如《史记·季布栾布列传》："河东吾股肱郡，故特召君耳。"在近代汉语中使用比率一直比较高，并且是元代同类词中的常用词。至于三者的由来，以及三者之间的关系还有待于进一步考证。三者都沿用到现代，可见在汉语史中发展还是稳定的。

第四节　勿、辄、正1、直、专

勿

"勿"作为副词在元代具有三个义项：勿1、勿2。
"勿1"单纯否定副词，如：

（1）太子曰："渔公，渡予过于此河，感谢勿阻。"（武王伐纣平话·卷上）

"勿2"禁止类否定副词,如:

(2)帝具说韩信藏钟离眛之事:"要设一计捉韩信,二相勿推。"(前汉书平话·卷上)

二者在上古或中古已经出现,如"勿1":《诗·王风·君子于役》:"君子于役,如之何勿思。""勿2":《诗·大雅·行苇》:"敦彼行苇,牛羊勿践履。"相对而言,在近代汉语中,"勿2"使用比率要高于"勿1"。至于副词义项的由来以及副词义项之间的关系还需要进一步考察。这两个义项一直沿用到现代汉语,可见在汉语史中还是比较稳定的。

辄

"辄"作为副词在元代具有两个义项,辄1和辄2。
"辄1"短暂突发类时间副词,如:

(1)其本站提领人等,不体所居职役,不详所告虚实,辄便受理,备申本路。(刑部·卷二)

"辄2"任意类情状方式副词,如:

(2)其告指不明,无证验可据者,先须以理推寻,不得辄加拷掠。(刑部·卷二)

二者在上古已经出现,如"辄1":《史记·季布栾布列传》:"有敢收视者,辄捕之。""辄2":《三国志·魏志·曹爽传》:"臣辄敕主者及黄门令罢爽、羲、训吏兵,以侯就第。"在近代汉语中使用比率也不高,至于副词义项的由来以及副词义项之间的关系还需要进一步考察。这两个义项一直沿用到现代汉语,可见在汉语史中还是比较稳定的。

正

"正"作为副词在元代具有两个义项：正1、正2。

"正1"现在类时间副词，如：

（1）始皇车驾正过其间，只见坠石打将来，石从车驾边跳过去，误中副车。（秦并六国平话·卷下）

"正2"评价类语气副词，如：

（2）二人再战十合，蒙毅得便宜，一鞭正中甘异夹背，难以施他武艺，翻身落马。（秦并六国平话·卷上）

二者在上古已经出现，如"正1"：《史记·五帝本纪》："我思舜，正郁陶。""正2"：《史记·樗里子甘茂列传》："至汉兴，长乐宫在其东，未央宫在其西，武库正值其墓。"相对而言，"正1"在近代汉语中的使用比率要远远高于"正2"。至于副词义项的由来以及副词义项之间的关系还需要进一步考察。这两个义项一直沿用到现代汉语，可见在汉语史中还是比较稳定的。

直

"直"作为副词在元代具有三个义项：直1、直2、直3。

"直1"持续类时间副词，如：

（1）【三煞】直等你身体安康，来寻觅夷门街巷，恁时节再相访。（闺怨佳人拜月亭第二折）

"直2"直接类情状方式副词，如：

（2）【耍孩儿】直取了汉上才还国，不杀了贼臣不讲和。

（关张双赴西蜀梦第三折）

"直3"确认强调类语气副词，如：

（3）【朝天子】你那厮最歹，直恁爱财，恰待快阎王怪。（小张屠焚儿救母第三折）

三者均在上古或中古已经出现，如"直1"：杨巨源《送人过卫州》诗："纵横联句长侵晓，次第看花直到秋。""直2"：《公羊传·庄公三十二年》："杀世子母弟直称君者，甚之也。""直3"：《庄子·田子方》："吾所学者直土梗耳，夫魏真为我累耳。"陆德明释文："'直'本亦作真，下句同"；相对而言，在近代汉语中的使用比率"直2"最高，"直3"次之，"直1"最低。至于副词义项的由来以及副词义项之间的关系还需要进一步考察。这三个义项一直沿用到现代汉语，可见在汉语史中还是比较稳定的。

专

"专"作为副词在元代具有两个义项：专1、专2
"专1"限定范围副词，如：

（1）【尾】整乌云欲把金莲，扭回身再说些儿话："你明夜个早些儿来，我专听着纱窗外芭蕉叶儿上打。"（【越调】斗鹌鹑 关汉卿）

"专2"表示特意类情状方式副词，如：

（2）【八煞】那婆婆古君子没恁地直，那婆婆烈丈夫也这般刚，专教他不拘小节修高尚。（死生交范张鸡黍第四折）

"专1"作为限定范围副词，在上古已经出现，如《韩非子·难二》:"夫一匡天下,九合诸侯,美之大者也,非专君之力也,又非专臣之力也。"在近代汉语中使用比率并不高。"专2"产生于中古,是在"专1"的基础上产生的,由限定范围副词"只"转化为行为方式的专门性,由范围域向方式域转化。二者都沿用到现代汉语中,可见在近代汉语史中还是很稳定的。

小结

元代多义副词除"畅"之外,其余在上古或中古都已经产生,并且绝大部分都沿用到现代汉语中,在汉语史中发展还是比较稳定的。元代多义副词中不少的副词是从具有比较实在意义的副词转向意义比较虚的副词,这种转化一般是由认知域的转变而形成,如:程度域或时间域或范围域转向情感域:绝;顿然;全;方式域转向结果域:好生;大部分产生时间比较早的副词,副词义项的来源不是很清晰,需要进一步考察;副词之间的转变具有单向性,只能从比较实在的意义转向比较虚的意义,不能反向转变,这是副词内部义项之间演变的规律,在演变的过程中,副词的意义越来越虚,副词表现的主观性就会越来强。

第七章

元代兼类副词

关于副词的演变,许多学者从不同的角度做过很多探讨,葛佳才、唐贤清、杨荣祥、张谊生等侧重从句法等方面的对其由来和演变机制做出很深刻的分析和研究,取得了很多成果,很值得我们借鉴和吸收。本书是从认知的角度,对副词的由来、演变机制等方面做出分析。

副词大部分是由实词经过语法化转变而来,但是对于语法化的过程、产生机制等学者们历来看法不一,孙朝奋指出:"虚化的过程,就是解决问题的过程……是一种创造性的概念转换……认知中的隐喻和转喻是其转换的重要机制……虚化和重新分析虽然紧密相连,但是重新分析和虚化不能画等号。"[1] 刘坚、曹广顺、吴福祥认为句法位置的改变、词义的变化、语境影响、重新分析四个因素相互交错、互为条件,从不同的侧面推动实词的语法化过程。其他学者对上述四个因素提出很多不同的观点和看法,洪波认为:"重新分析是虚化的结果,而不是诱因……句法位置的改变和词义的变化两种因素也只是间接因素,它们的作用是改变或扩大了某些实词的句法分布,从而为实词虚化创造了条件……认知因素对汉语实词的虚化有直接影响。[2]"张谊生在前人研究的基础上提出虚化的机制主要有五种:"隐喻、推理、泛化、和谐和吸收。并指出与副词相关的虚化机制大致包括既相互联

---

[1] 孙朝奋:《〈虚化论〉评介》,《国外语言学》1994 年第 4 期。
[2] 洪波:《论汉语实词虚化的机制》,载《汉语语法化研究》,商务印书馆 2005 年版,第 176 页。

系，又相互依存的四个方面：结构形式、语义变化、表达方式和认知心理。"① 不少学者认为，驱动语法化过程最主要的认知因素是隐喻。所谓隐喻是指用一种概念表达另一种概念，是从一个具体的概念抽象到另一个概念，即从一个认知域投射到另一个认知域的，本质就是从其他事物的角度来理解和体验某一类事物。有学者认为："隐喻和转喻是语法化最主要的驱动力，隐喻过程是从一个认知域向别的认知域转移的过程，转喻是由语境引申出的重新解释的过程，也即由语境引起的重新分析。"我们认为在语法化的过程中，词从一个认知域转化到另一个认知域，不可缺少的要经过语境的重新分析，而最终由语境需要赋予新的词义，在新词义、新词性形成的过程中，其他因素也在发挥重要作用，句法位置是发生变化的关键，语义变化是基础，认知是转化的重要机制，重新分析和类推是虚化过程中不可缺少的环节。这些因素互相影响，共同促成了实词向虚词的转化。语法化是语言演变的重要子集，有一定的规律，本书将对这些规律进行描写和探讨。为了更好的进行分析，我们将实词根据语义的不同分为不同的认知域，如：名词表达事物，所以称为事物域；动词表示动作行为，所以称为行为域；形容词表示状态或性质，所以称为状态域；副词因为表达的内容比较丰富，根据内容的不同分为程度域、范围域、时间域、结果域、方式域、情感域。这些不同域之间是可以转化的。

副词很多是从动词、形容词等其他词类中转化而来，因此不可避免的成为兼类词。本书主要对元代同时具有两个或两个以上词类的副词进行分析，探讨兼类副词各个词类之间的产生先后顺序，以及他们之间的转变关系。并对这些兼类副词在现代汉语中的变化进行分析，探求元代兼类副词的特点，进而对近代汉语兼类副词有所认识。元代主要的兼类副词有52个，如：

并、畅、单、独、顿、多、多少、方、非、更、果、好、浑、极、兼、较、尽、决定、绝、苦、立、良、聊、略、密、乃、且、

---

① 张谊生：《论与副词相关的虚化机制》，载《汉语语法化研究》，商务印书馆2005年版，第231页。

窃、亲、权、全、稍、少、深、甚、妄、微、相、休、也、已、益、约、越、辄、真、正、直、只、骤、子、总

我们将对这些兼类词的来源和发展做出分析。

第一节 并、畅、单、独、顿、多、多少

并

"并"在元代具有动词、副词和连词三种词性，分别如下：
第一，动词，合并，如：

（1）【仙吕】【点绛唇】当日五处枪刀：并了董卓，诛了袁绍。（关大王单刀会第一折）

第二，连词，如：

（2）【混江龙】我子见客围席上，酒到跟前，何曾侧厌，并不推言。（马丹阳三度任风子第一折）

第三，副词，一起，如：

（3）【幺篇】蹅践东土，震动京畿，怎奈何四五处烟尘并起。（辅成王周公摄政第三折）

动词和副词在上古已经出现，如《韩非子·初见秦》："军乃引而退，并于李下，大王又并军而至。"《史记·陈涉世家》："陈胜佐之，并杀两尉。"相对而言动词的义项出现比较早，但是在现代中一般作为构词语素出现，副词的义项使用频率比较低。连词的义项在元代已经出现，并且使用数量不少，这个义项与现代汉语的义项相比，缺少

了递进的意味。连词意义是由副词意义虚化而来，动作行为或事件同时发生，因此具有并列的关系，随着意义的虚化，逐渐转变为只有功能意义的虚词。具有递进意义的用法，在元代也开始出现，但是使用比较少，明代使频用率增加，并一直沿用到现代汉语中，是同类词中的常用成员。

畅

"畅"元代具有形容词和副词两种词性，具体如下：
第一，形容词，畅快，例如：

（1）【油葫芦】他子在渔舟缆住收罾网，酒旗摇处沽村酿，畅情时酌一壶，开怀时饮几觞。（严子陵垂钓七里滩第一折）

第二，程度副词，很，如：

（2）【牧羊关】你挥的玉麈特迟，打的金钟畅紧。（泰华山陈抟高卧第二折）

"畅"表示"畅快"的形容词用法至迟出现在唐代，如薛戎《游烂柯山》诗之一："悠然畅心目，万虑一时消。"在现代汉语中一般作为构词语素出现。"畅"程度副词的用法至迟出现在元代，在近代汉语中使用比率很低，在现代汉语中已经消失。前者因为经常出现在状语位置，经过人们的重新分析，因此转变为副词，这个转变是在元代完成，在元代依然看到二者之间转变的痕迹，如：

（3）畅开怀，都似你朦胧酒戒，那醉乡侯安在哉？（马致远青衫泪第一折）

此例中"畅"出现在状语的位置，表示程度之高，是典型的副词用法，但是从句义分析来看，"畅"依然隐含"畅快"之义，带有明显的形容词义项。也正是因为"畅"在转变中依然隐含着形容词的意义，因此使用并不是很多，在现代汉语中只保留了形容词的用法。

单

"单"在元代具有形容词和副词两种词性，具体如下：
第一，形容词，单独，引申为只有一个或只有一层，如：

（1）凤只鸾单，无多时春事阑珊。（【双调】行香子乔吉）
（2）【煞尾】他千里独行觅二友，匹马单刀镇九州，人似爬山越岭彪。（关大王单刀会第二折）
（3）【梁州第七】风雪交杂，浑身单夹衣服，舞东风乱糁真珠。（好酒赵元遇上皇第二折）

第二，副词，相当于"只"，如：

（4）【梁州第七】凭着我这一条妙计，三卷天书，显神机单注着东吴，仗仁风独霸西蜀。（诸葛亮博望烧屯第一折）

"单"形容词用法在上古已经出现，如《荀子·正名》："单足以喻则单，单不足以喻则兼。"一直沿用到现代汉语中；"单"副词用法在中古已经出现，使用比率一直不高，只在元代使用比率相对比较高一些，这个用法一直沿用到现代汉语中。副词用法是由形容词用法演变而来，是形容词因为经常出现在状语位置，经过重新分析而形成的，是由事物的性质状态域向事物发出动作行为的数量范围域转变。

独

"独"在元代具有形容词和副词两种词性，具体如下：
第一，形容词，单独，如：

（1）【骂玉郎】露寒掠湿蓑衣透，摇短棹下中流，过了些桥

横独木龙腰瘦，见数点鸥，麇趁逐，妆点楚江秀。（陈季卿悟道竹叶舟第三折）

第二，副词，独自，如：

（2）【煞尾】他千里独行觅二友，匹马单刀镇九州，（关大王单刀会第二折）

这两个词类在上古都已经出现，如：《庄子·养生主》："天之生是使独也。"《史记·老子韩非列传》："子所言者，其人与骨皆已朽矣，独其言在耳。"二者之间是由状态域向方式域的转变和投射。二者都沿用到现在，在汉语史中发展比较稳定。

顿

"顿"在元代具有动词、量词和副词三种词性，具体如下：
第一，动词，整顿，如：

（1）【逍遥乐】整顿了衣裳，正行中举目端详：见雄纠纠的公人如虎狼，推拥定个得罪的婆娘。（张鼎智勘魔合罗第三折）

第三，副词，突然，如：

（2）【太平令】尘世上，勾当，顿忘，枉忘盹睡了都堂里宰相。（泰华山陈抟高卧第四折）

这三种词性在上古或中古已经出现，如《后汉书·马融传》："然后举天网，顿八纮，揫敛九薮之动物，缳橐四野之飞征。"《世说新语·任诞》："闻卿祠，欲乞一顿食耳。"《文赋》："揽营魂以探赜，顿精爽于自求。"

多

"多"在元代具有形容词和副词两种词性,具体如下:
第一,形容词,数量大,如:

(1)【油葫芦】他兄弟每虽多兵将少,赤紧的把夏侯惇先困了。(关大王单刀会第一折)

第二,作为副词具有两个义项:最高度程度副词和委婉推测类副词,如:

(2)宫监笑曰:"您上祖多能屠宰。"(前汉书平话·卷下)
(3)【迎仙客】我想王员外买卖上多有不合神道,折了我这孙子!(小张屠焚儿救母第三折)

"多"的形容词意义上古已经产生,如《易·谦》:"君子以衰多益寡,称物平施。"一直沿用到现代汉语中,是同类词中的常用成员。"多"作为副词的用法出现的比较晚,尤其是表示推测类的副词义项出现的更晚,副词用法一直沿用到现代汉语中。"多"在元代的用法在现代依然都存在。至于三者之间的关系还需要进一步考察。

多少

"多少"在元代具有疑问代词和副词两种用法,具体如下:
第一,疑问代词,一般询问数量,如:

(1)【幺篇】这两下里,捻绡的,有多少功绩?(诈妮子调风月第二折)

第二,程度副词,一般用在感叹句中,如:

（2）【滚绣球】若是那功名成就心无怨，抵多少买卖归来汗未消，枉了劬劳！（散家财天赐老生儿第二折）

这两种用法在上古或中古已经出现，如《南史·蔡撙传》："武帝尝谓曰：'卿门旧尚有堪事者多少？'"《汉书·刑法志》："今郡国被刑而死者岁以万数，天下狱二千余所，其冤死者多少相覆，狱不减一人，此和气所以未洽者也。""多少"经常出现在疑问句中，因此具有了疑问的意义。"多"本是最高度程度副词，后来随着"多少"中"少"意义的虚化，"多"意义逐渐凸显，"多少"具有了最高度副词的用法，其中经常出现在感叹句中，是其虚化的重要因素，这个词出现的时间比较晚，在近代汉语中使用比率也不高。但是一直沿用到现代汉语中。二者都要用到现代汉语中，可见，二者在汉语史中比较稳定。

第二节　方、非、更、果、好、浑、极、兼

方

"方"在元代具有名词、形容词和副词三种用法，具体如下：

第一，名词，方向，如：

（1）【金盏儿】你是南方赤帝子，上应北极紫微星。（泰华山陈抟高卧第一折）

第二，形容词，方正，如：

（2）【青哥儿】选用忠良，行止端方，才智非常，论道经邦，展土开疆，交万国伏降，万民安康，万寿无疆，万世称扬。（霍光鬼谏第一折）

第三，时间副词，方才，如：

(3)【普天乐】不须你沈郎忧，萧娘嫮，就未央宫摆布尊罍缶，直吃的尽醉方归。(李太白贬夜郎第三折)

这些用法在上古都已经出现，如：《诗·齐风·鸡鸣》："东方明矣，朝既昌矣。"《管子·霸言》："夫王者之心，方而不最。"《诗·大雅·公刘》："弓矢斯张，干戈戚扬，爰方启行。"至于这些词之间的联系，有待于进一步考察，这些用法都沿用到现代汉语中，可见这些用法在汉语史中还是比较稳定的。

非

"非"在元代具有否定副词和形容词两种用法，具体如下：
第一，形容词，错误，如：

(1)【水仙子】你道我三年别尽数年亲，你却甚一夜夫妻百夜恩。谁非谁是都休论，早子有拖麻拽孝人。(散家财天赐老生儿第四折)

第二，否定副词，如：

(2)【幺篇】穿了好的，吃了好的。盛比别人，非理分外，费衣搭食。(李太白贬夜郎第三折)

"非"的这两种用法在上古已经出现，并且一直沿用到现代汉语中。

更

"更"在元代具有动词、名词和副词三种用法，具体如下：
第一，名词，更鼓，如：

（1）【三煞】他做成暖帐三更梦，我拨尽寒炉一夜灰。（诈妮子调风月第二折）

第二，动词，更换或连续，如：

（2）【十二月】直到个天昏地黑，不肯更换衣袂。（诈妮子调风月第二折）

（3）【水仙子】今日这半边鸾镜得团圆，早则那一纸鱼封不更传。（闺怨佳人拜月亭第四折）

第三，副词，程度副词和情状方式副词。多义副词中已经分析，在此不再赘述。

"更"作为动词和名词，在上古已经出现，如《文选·张衡〈西京赋〉》："严更之署，徼道外周。"《管子·侈靡》："应国之称号亦更矣。"《国语·晋语》："姓利相更。"二者都沿用到现在。作为副词，在中古也都已经出现，这些词之间的关系还需继续考证。可见，这些用法在整个汉语发展史中比较稳定。

果

"果"在元代具有名词和副词两个用法，具体如下：

第一，名词，水果，如：

（1）【鲍老儿】更做果木丛中占了第一，量这厮有多少甜滋味。（李太白贬夜郎第三折）

第二，副词，果真，如：

（2）【哨遍】天果报无差移，子争个来早来迟。（诈妮子调风月第二折）

这两种用法在上古都已经出现，如《易·说卦》："为果蓏。"孔颖达疏："木实为果，草实为蓏。"《礼记·中庸》："果能此道矣，虽愚必明，虽柔必强。"二者都是从"果"的本义引申而来，"果"由树木的果实引申指代果树，由果实引申为事情的结果，有结果再引申出结果出现时人的语气和情态。二者都沿用到现代汉语中，在汉语发展史中比较稳定。

好

"好"在元代具有动词、形容词和副词三种用法，具体如下：

第一，动词，爱好，如：

（1）【牧羊关】这大夫好调理，的是诊候的强，这的十中九敢药病相当。（闺怨佳人拜月亭第二折）

第二，形容词，与"坏"相对，如：

（2）【鹊踏枝】那赤壁时相看的是好。（关大王单刀会第一折）

第三，副词，太，如：

（3）【呆古朵】这供愁的景物好依时月！（闺怨佳人拜月亭第三折）

"好"的动和形容词用法在上古已经出现，如《易·谦》："人道恶盈而好谦。"《论语·子张》："譬之宫墙，赐之墙也及肩，窥见室家之好。"石孝友《西地锦》词："风儿又起，雨儿又煞，好愁人天色。"副词用法出现在近代，在近代汉语中使用比率不高。至于这些词之间的关系需要进一步考察。这三种用法都沿用到现代汉语中，可见三者在汉语发展史中是比较稳定的。

浑

"浑"在元代具有形容词和副词两个用法,具体如下:

第一,形容词,浑浊或糊涂,如:

(1)【乌夜啼】倒不如我这拂黄尘的布袍,漉浑酒的纶巾。(泰华山陈抟高卧第二折)

(2)【滚绣球】母亲又无甚症候,只有些老忘浑。托赖着俺哥哥福荫,那里有半星儿疾病缠身。(张千替杀妻第二折)

第二,副词,全,如:

(3)【梁州第七】天寒日短,迥野消疏,关山苦楚,风雪交杂,浑身单夹衣服,舞东风乱糁真珠。(好酒赵元遇上皇第二折)

"浑"表示"浑浊"的用法在上古已经出现,如《老子》:"敦兮其若朴,旷兮其若谷,浑兮其若浊。"是从其本义直接引申而来。表示"糊涂"的意义则出现的近代,如孙光宪《北梦琐言》卷一:"文宗曰:'卿浑未晓。但甘棠之义,非要笏也。'"作为总括副词出现也相对较晚,如王建《晚秋病中》诗:"霜下野花浑著地,寒来溪鸟不成群。"是由动词"混合"(现已消失)意义虚化而来,是从具体行为动作虚化动作行为所指范围域,是由行为域向范围域的转变。"浑"在元代的这些用法全都沿用到现代汉语中,可见在整个汉语发展史中也比较稳定。

极

"极"在元代具有动词和副词两种用法,具体如下:

第一,动词,达到极点,如:

(1)【斗鹌鹑】等我暮景桑榆,合有些峥嵘气象。我当初乐

极悲生,今日泰来否往。(死生交范张鸡黍第四折)

第二,程度副词,极其,如:

(2)【仙吕】【点绛唇】楚将极多,汉军微末,特轻可,战不到十合,向滩水河边破。(汉高皇濯足气英布第一折)

"极"的动词用法在上古已经出现,如《吕氏春秋·大乐》:"天地车轮,终则复始,极则复反,莫不咸当。"是由本义直接引申出来的,是由具体事物的制高点,引申为达到制高点的动作行为,是由事物域向动作域的转变。"极"作为程度副词在上古已经出现,如《史记·高祖本纪》:"高祖曰:'丰吾所生长,极不忘耳!'"是由其本义直接引申而来,是由事物的最高点,引申为事物所达到的程度,是由事物域向程度域的转变。这两种用法一直沿用到现代汉语中,在汉语发展史中比较稳定。

兼

"兼"在元代具有动词和副词两种用法,具体如下:
第一,动词,同时具有,如:

(1)这秀才姓王名韬,字仲略,洛阳人也。乃今天官主爵都尉兼学士判院门下女婿。(死生交范张鸡黍楔子)

第二,副词,都,如:

(2)【混江龙】武王怒吊民伐罪,哀□独法正施仁,周公礼百王兼备,孔子道千古独尊,孟子时周流忧世。(死生交范张鸡黍第一折)

"兼"的这两种用法在上古已经出现,并一直沿用到现在。是由表示同时具有动词意义，由于出现在状语位置，而被重新分析为总括的范围副词，是由行为域向范围域的转变。

第三节 较、尽、决定、绝、苦、立、良

较

"较"在元代具有动词和副词两种用法，具体如下：
第一，动词，痊愈。如：

（1）【牧羊关】但<u>较</u>些呵，郎中行别有酬劳。（闺怨佳人拜月亭第一折）

第二，副词，表比较度，如：

（2）【赚煞】你则着我归顺您君王<u>较</u>面阔。（汉高皇濯足气英布第一折）

"较"作为动词的用法在近代才出现，如欧阳修《与王懿恪公书》之五："某自过年，儿女多病，小女子患目，殆今未较，日颇忧煎。"在现代汉语中已经消失。"较"作为副词用法也是近代产生的，如：杜甫《人日》诗之一："冰雪莺难至，春寒花较迟。"但是二者不存在联系。副词"较"是由动词"较量"由于经常出现在状语位置而转化而来，是由具体动作行为转化为动作行为的结果或状态达到的程度，是由行为域向程度域的投射和转化，这个用法一直沿用到现代汉语中。"较"只有副词的用法遗留下来，可见在汉语史中发展并不稳定。

尽

"尽"在元代具有动词和副词的用法，具体如下：

第一，动词，用尽或尽力完成。如：

(1)【七煞】若不遇二汉祖宽洪海量，尽今生不过绿袍槐简，那世里不能够紫绶金章。(范张鸡黍会第四折)

(2)【迎仙客】我虽然尽其忠，不能尽其孝，争奈有七十岁老母，如百年之后，无临丧祭之子。(晋文公火烧介子推第三折)

第二，副词，全，如：

(3)【调笑令】百年之后还埋葬，坟穴内尽按阴阳。(散家财天赐老生儿第三折)

"尽"作为动词在上古已经出现，如《管子·乘马》："货尽而后知不足，是不知量也。"《战国策·秦策一》："然而甲兵顿，士民病……伯王之名不成，此无异故，谋臣皆不尽其忠也。"在现代汉语中一般作为构词语素出现。"尽"作为副词在上古也已经出现，如《左传·昭公二年》："周礼尽在鲁矣。"这种用法一直沿用到现代汉语中，"尽"作为副词是由动词转化而来，是由表示全部使出的动作，由于出现在状语位置而被重新分析为动作行为所包括的对象的范围，是由行为域向范围域的转变。

决定

"决定"在元代具有动词和副词两种用法，具体如下：
第一，动词，决定，如：

(1)【醉中天】决定粉骨碎身，不留龆龀。(赵氏孤儿第一折)

第二，副词，表强调，如：

（2）【上小楼】我觑了这般势杀，不发闲病，决定风魔。（风月紫云亭第三折）

"决定"的动词用法在上古已经出现，如《史记·殷本纪》："帝武丁即位，思复兴殷而未得其佐。三年不言，政事决定于冢宰。"一直沿用到现代汉语中。"决定"作为副词，在中古已经出现，如陶渊明《挽歌》："红轮决定沉西去，未委魂灵往那方。"二者之间是否存在演变关系，还需要进一步考察。副词用法在近代汉语中使用并不是很多，在现代汉语中已经消失，关于消失的原因主要有两个，第一，表示确认强调类的副词数量多，变化快，挤占了"决定"原来的使用范围；第二，"决定"不仅具有动词意义，而且居于名词意义，这使得其副词意义不再被人们接受，所以被人们逐渐忽略。总之在同类副词的挤压下，在同形词的排挤下，副词意义逐渐消失。

绝

"绝"在元代具有动词和副词两种用法，具体如下：

第一，动词，断绝或缺乏，如：

（1）【黄钟尾】音书无，信息绝！（闺怨佳人拜月亭第三折）

（2）太子共我，绝粮三日。（晋文公火烧介子推第三折）

第二，副词，具有程度副词和评价副词两种。在多义副词中已经做过分析，在此不再赘述。

"绝"作为动词在上古已经出现，如《史记·始皇纪》："举鼎绝膑。"一直沿用到现代汉语中，"绝"作为副词在上古或中古也已经出现，并一直沿用到现代汉语中。至于二者之间是否存在演变关系还需要继续考证。

苦

"苦"在元代具有形容词和副词两个用法，具体如下：

第一，形容词，辛苦，如：

（1）【水仙子】我这般拈拈掐掐有甚难当处，想我那声冤不得苦痛处。（诈妮子调风月第四折）

第二，副词，尽力，如：

（2）【倘秀才】他苦哀告，意悬悬，赦免。（尉迟恭三夺槊第四折）

"苦"作为形容词在上古已经出现，如《广雅》："而凡味之似苦，亦命为苦。"是由"苦"的本义直接引申而来，是由具体事物抽象为事物的性质，这种用法一直沿用到现代汉语中。"苦"作为副词在中古才出现，如：《世说新语·识鉴》："杨朗苦谏不从。"关于副词用法的由来还需要继续考证，这个用法一直沿用到现代汉语中。

立

"立"在元代具有动词和副词两种用法，具体如下：
第一，动词，站立或树立，如：

（1）【二煞】则明朝你索绮窗晓日闻鸡唱，我索立马西风数雁行。（闺怨佳人拜月亭第二折）
（2）【水仙子】近山村建所坟围，盖坐贤妻庙，立个孝子碑，交后代人知。（楚昭王疏者下船第四折）

第二，时间副词，立刻，如：

（3）【煞尾】他轻举龙泉杀车胄，怒拨昆吾坏文丑，麾盖下颜良剑枭了首，蔡阳英雄立取了头。（关大王单刀会第二折）

"立"作为动词在上古已经出现,如《史记·项羽本纪》:"哙遂入,披帷西乡立。"《战国策》:"乃立宗庙于薛。"一直沿用到现代汉语中。"立"作为副词在上古也已经出现,《史记·廉颇蔺相如列传》:"赵立奉璧来。"动词和副词之间是否存在必然联系,需要进一步考证。

良

"良"在元代具有名词、形容词和副词三种用法,具体如下:
第一,名词,贤良的人,如:

(1)刳胎斫胫剖忠良,颠覆殷汤旧纪纲;(武王伐纣平话·卷中)

第二,形容词,贤良,如:

(2)若得一言明指教,良谋同共立西周。(武王伐纣平话·卷上)

第三,副词,很,如:

(3)良久,王问姬昌曰:"道尔善会阴阳……"(武王伐纣平话·卷上)

"良"作为名词、形容词和副词在上古都已经出现,如《左传·僖公七年》:"郑有叔詹、堵叔、师叔三良为政,未可间也。"《诗·邶风·日月》:"德音无良。"《水经注》:"清荣峻茂,良多趣味。"并一直沿用到现代汉语中。关于这三个词之间的关系还需要考察。

第四节　聊、略、密、乃、且、窃、亲、权

聊

"聊"在元代具有动词和副词两种用法，具体如下：
第一，动词，依靠，如：

(1) 前后一年，苦害万民，民不<u>聊</u>生，皆有倒悬之心。（武王伐纣平话·卷上）

第二，副词，轻微程度副词和暂且类时间副词，在多义副词中已经做过分析，在此不再赘述。

"聊"作为动词在上古已经出现，如《战国策·秦策》："百姓不聊生。"至于动词的由来不是很清楚，但是一直沿用到现代汉语中。"聊"作为副词的用法，一直沿用到现代汉语中。可见"聊"在汉语史的发展中还是很稳定的。

略

"略"在元代具有名词和副词两种用法，具体如下：
第一，名词，谋略，如：

(1)【油葫芦】肯分的周瑜和蒋干是布衣交，股肱臣诸葛施韬<u>略</u>，苦肉计黄盖添粮草。（关大王单刀会第一折）

第二，副词，轻微度副词，如：

(2)【落梅风】告吾师<u>略</u>将法藏转，佛不与世俗人为怨。（公孙汗衫记第四折）

"略"作为名词在上古已经出现,如《书·武成》:"予小子,既获仁人,敢祗承上帝以遏乱略?"蔡沉集传:"略,谋略也。"至于词义的由来不是很清楚,但是一直沿用到现代汉语中。"略"作为副词,在中古已经出现,如:庾信《周骠骑大将军李夫人墓志铭》:"夫人本有风气之疾,频年增动,略多枕卧。"至于副词的由来前文已有分析,在此不再赘述,这种用法也用到现在,可见"略"在汉语史中发展中是很稳定的。

密

"密"在元代具有形容词和副词两种用法,具体如下:

第一,形容词,稠密,如:

(1)正行之次,见里堠整齐,桥道平整,人烟稠密,牛马繁盛,荒地全无,田禾多有。(三国志平话·卷上)

第二,副词,偷偷地,如:

(2)当日汉王心中疑虑,而密问子房曰:"项氏已灭,韩信尚执天下兵权,其信之略,威震四海,天下无敌,吾实畏之。"(前汉书平话·卷上)

"密"作为形容词和副词用法在上古或中古都已经出现,如《易·小畜卦》:"密云不雨。"《宣和殿荔枝》:"密移造化出闽山,禁御新栽荔枝丹。"至于其由来并不是很清楚,但是这些用法在现代汉语中只作为构词语素出现。

窃

"窃"在元代具有动词和副词两种用法,具体如下:
第一,动词,危害,如:

(1) 见奸臣窃命，贼子弄权，常有不平之心。（三国志平话·卷上）

第二，副词，私底下，如：

(2) 斯乃上书曰："臣闻吏议逐客，窃以为过矣。"（秦并六国平话·卷下）

"窃"作为动词，在上古已经出现，如《吕氏春秋·辩土》："夫四序参发，大甽小亩，为青鱼胠，苗若直猎，地窃之也。既种而无行，耕而不长，则苗相窃也。"是由"窃"的本义直接引申而来，在现代汉语中已经消失。"窃"作为副词在上古已经出现，如《韩非子·说难》："卫国之法，窃驾君车者罪刖。"是由动词意义出现在状语位置而经重新分析而成，是由具体动作行为向动作行为发生方式的转变，是行为域向方式域的转变，这种用法在现代汉语中依然存在。

亲

"亲"在元代具有形容词、名词、动词和副词四种用法，具体如下：

第一，形容词，亲密，如：

(1)【倘秀才】您两个是亲弟兄？（闺怨佳人拜月亭第三折）

第二，名词，亲人，如：

(2)【滚绣球】女婿行但沾惹，六亲每早是说，（闺怨佳人拜月亭第三折）

第三，动词，亲近、喜爱，如：

（3）【醉扶归】你道您祖上亲文墨，昆仲晓书集，从上流传直到你，辈辈儿都及弟。（闺怨佳人拜月亭第一折）

第四，副词，亲自，如：

（4）【蔓菁菜】陛下！我亲挂了元戎印，久已后我王掌十万里锦乾坤，恁时节须正本。（月夜追韩信第三折）

"亲"作为形容词，是本义，这种用法在上古已经出现。如《孟子·滕文公上》："夫夷子，信以爲人之亲其兄之子。"赵岐注："亲，爱也。""亲"作为名词，上古已经出现，如《左传·僖公五年》："国君不可以轻，轻则失亲。"杜预注："亲，党援也。"是由本义直接引申出现，是由事物的性质状态，引申为具有这种状态或性质的人，是由性质状态抽象为具体事物。"亲"作为动词，在上古已经出现，如《汉书·郊祀志下》："三光高而不可得亲。"是由事物的性质状态转化为表现这种状态的动作行为，一直沿用到现代汉语中。"亲"作为副词，在上古已经出现，如《史记·魏公子列传》："亲枉车骑。"至于副词用法的由来需要进一步考证，但是这个用法一直沿用到现在。"亲"在元代这些法都来源于上古，也都很好的沿用到现代汉语中，可见这个兼类词在汉语史中一直是比较稳定的。

权

"权"在元代具有动词、名词和副词三种用法，具体如下：

第一，动词，称量，如：

（1）【喜春来】权然后知轻重，度然后知长短。（晋文公火烧介子推第三折）

第二，名词，权力，如：

（2）【雪里梅】把俺祖宗凌持，欺负儿孙每软弱，倚着他军权在手。（楚昭王疏者下船第二折）

第三，副词，暂且，如：

（3）【呆古朵】怕有些不周处权耽待，做一床锦被都遮盖。（看钱奴冤家债主第二折）

"权"作为动词在上古已经出现，如《孟子·梁惠王上》："权，然后知轻重；度，然后知长短。"在现代汉语中已经消失。"权"作为名词，在上古已经出现，如《谷梁传》："大夫执国权。"一直沿用到现代汉语中。"权"作为副词在上古也已经出现，如《汉书·王莽传上》："周公权而居摄，则周道成，王室安不居摄，则恐周队失天命。"并一直沿用到现代汉语中。至于三者之间的关系，需要进一步考证。

第五节　全、稍、少、深、甚、妄、微、相

全

"全"在元代具有形容词和副词两种用法，具体如下：
第一，形容词，完备，如：

（1）【上小楼】你道他兵多将广，人强马壮。大丈夫双手俱全，一人拼命，万夫难当。（关大王单刀会第三折）

第二，副词，全部，如：

（2）【五煞】凭大体呵则倚着急喉咙健啖是人中宝，论治道呵全靠那壮脾胃消食的是海上方。（死生交范张鸡黍第四折）

"全"作为形容词在上古已经出现,如《荀子·劝学》:"君子知夫不全不粹之不足以为美也,故诵数以贯之,思索以通之。"一直沿用到现代汉语中。"全"作为副词在中古已经出现,如《望梅花》词:"春草全无消息,腊雪犹余踪迹。"是由形容词完备引申而来,是由事物性质状态域向状态或性质的事物的范围的转变,是由状态域向方式域的转变,一直沿用到现代汉语。可见二者都是来自上古或中古,都沿用到现代,在汉语发展史中是比较稳定的。

稍

"稍"在元代具有名词和副词两种用法,具体如下:
第一,名词,末梢,如:

【神仗儿】却似烟生七窍,冰沉了四稍。(张鼎智勘魔合罗第二折)

第二,副词,程度副词和时间副词,在多义副词中做过分析,在此不再赘述。

"稍"作为名词在上古已经出现,是由本义直接引申而来,是由具体事物抽象为一般事物,一直沿用到现代汉语中。"稍"作为副词具有两个义项,产生时间比较晚,但是都沿用到现代汉语中。可见这个兼类词在汉语史中也比较稳定。

少

"少"在元代具有形容词和副词两种用法,具体如下:
第一,形容词,数量少,如:

(1)【赚煞尾】然是弟兄心,殷勤意,本酒量窄推辞少吃。(闺怨佳人拜月亭第一折)

第二,副词,轻微度副词,如:

（2）【二煞】痛哭悲凉，<u>少</u>添僝僽。（关张双赴西蜀梦第四折）

"少"作为形容词，是本义，在上古已经出现，一直沿用到现代汉语。"少"作为副词，是由形容词转化而来，由对事物状态的形容转化为对事物状态达到程度的描述，由状态域向程度域转化，这种用法在上古已经出现，如《庄子·徐无鬼》："今予病少痊，予又且复游于六合之外。"一直沿用到现代汉语中。可见的这个兼类副词在汉语史中是比较稳定的。

深

"深"在元代具有形容词和副词两种用法，具体如下：
第一，形容词，与"浅"相对，如：

（1）【油葫芦】每日知他过几重<u>深</u>山谷，不曾行十里平田地。（关张双赴西蜀梦第一折）

第二，副词，最高度程度副词，如：

（2）曹操打死吉平，<u>深</u>疑皇叔，（三国志平话·卷中）

"深"作为形容词，在上古已经出现，如《诗·邶风·谷风》："就其深矣，方之舟之。"一直沿用到现代汉语中。"深"作为副词，在上古已经出现，如《史记·商君列传》："教之化民也深于命，民之效上也捷于令。"是由表示事物性质状态形容词词义引申为表示事物性质达到的程度，是由状态域向程度域的投射和转变，一直沿用到现代汉语中。可见，这个兼类词在汉语史中一直比较稳定。

妄

"妄"在元代具有副词和形容词的两种用法，具体如下：

第一，形容词，虚妄，如：

（1）【二】甲庚会处真无妄，戊巳门开迸电光。(【正宫】端正好邓玉宾)

第二，副词，胡乱，如：

（2）不顺俗，不妄图，清高风度，任年年落花飞絮。(【中吕】上小楼任昱)

"妄"作为形容词在上古已经出现，如《论衡·问孔》："此言妄也。"一直沿用到现代汉语中。"妄"作为副词，一直沿用到现代汉语中。二者之间的关系还需要进一步考察。

微

"微"在元代具有形容词和副词的用法，具体如下：
第一，形容词，卑微或微小，如：

（1）据微臣愚见，那荆州不可取！(关大王单刀会第一折)
（2）【红芍药】招贤纳士礼殷勤，币帛似微尘。(泰华山陈抟高卧第二折)

第二，副词，轻微，如：

（3）【金盏儿】硃砂面有容光，这物色淡微黄。(小张屠焚儿救母第一折)

"微"作为形容词在上古已经出现，如《荀子·非相》："叶公子高微小短瘠。"《书·序》："虞舜侧微。""微"作为副词在形容词微小的意义基础上引申而来，由对事物状态或性质的形容转化为对事物程度的描述，是从性质或状态域到事物程度域的转化。该词一直沿用到现代汉语中，可见"微"在整个汉语发展史中都比较稳定。

第六节　休、也、已、益、约、越

休

"休"在元代具有动词、助词和副词三种用法，具体如下：
第一，动词，停止或离去，如：

（1）【滚绣球】官里恨不休，怨不休，更怕俺不知你那勤厚，为甚俺死魂儿全不相偢！（关张双赴西蜀梦第四折）

（2）【满庭芳】虽不如张子房休官罢职。（马丹阳三度任风子第三折）

第二，助词，相当于"罢"，如：

（3）【斗鹌鹑】他揣与我个面皮。休，休，休！今世里饶人不是痴。（马丹阳三度任风子第三折）

第三，副词，否定副词，如：

（4）【哨遍】休想逃亡，没处潜藏，怎生的躲？（关张双赴西蜀梦第三折）

"休"作为动词"停止"意义上古已经出现，如《诗·大雅·瞻卬》："妇无公事，休其蚕织。"是在本义"休息"直接引申而来，"离去"意义出现在近代，如《晏子春秋·谏上八》："景公曰：'孤不仁，不能顺教，以至此极。夫子休国为而往剸，寡人将从而后。'"

是由动词"停止"直接引申而来。"休"作为助词，产生于近代，如杜甫《徐卿二子歌》："丈夫生儿有如此二雏者，名位岂肯卑微休!"一般出现在句子的末尾，或者单独出现，关于这个词的由来不是很清楚。"休"作为副词"不要"意义是从动词"停止"经常出现在状语位置而被重新分析而成，是由具体动作到动作行为表达的实际结果的转变，是从行为域向结果域的转变。这三种用法都沿用到现代汉语中，可见在汉语史中还是比较稳定的。

也

"也"在元代具有助词和副词两种用法，具体如下：
第一，助词，如：

（1）【哭皇天】男儿呵，如今俺父亲将我去也，你好生的觑当你身起！（闺怨佳人拜月亭第二折）

第二，副词，表类同，如：

（2）【二煞】咱可灵位上端然坐，也不用僧人持咒，道士宣科。（关张双赴西蜀梦第三折）

"也"作为助词上古已经出现，如《庄子·逍遥游》："南冥者，天池也。"作为类同副词在中古也已经出现，如：庾信《镜赋》："不能片时藏匣里，暂出园中也自随。"至于由来并不清楚，但是这些用法一直沿用到现在，可见在汉语发展史中还是比较稳定。

已

"已"在元代具有动词和副词两种用法，具体如下：
第一，动词，停止，如：

（1）闷闷而不已，而成短歌。（萧何追韩信第二折）

第二，助词，如：

（2）今日得见官里，谢丞相一人而已。（萧何追韩信第三折）

第三，副词，已经，如：

（3）【后庭花】黄河一旦清，早子东方日已明。（泰华山陈抟高卧第一折）

"已"作为动词在上古已经出现，如《诗·郑风·风雨》："风雨如晦，鸡鸣不已。"是本义。"已"作为助词，在上古已经出现，如《书·洛诰》："公定，予往已。""已"作为副词，在上古也已经出现，如《论语·微子》："道之不行，已知之矣。"至于这些词的由来以及它们之间的关系，需要进一步考察。这些词都沿用到现代，在汉语发展史中都比较稳定。

益

"益"在元代具有动词和副词两种用法，具体如下：
第一，动词，增加，如：

（1）困于成皋，益兵一万，信能其驱大愿寨血阁攻别诸侯，威擒夏悦，斩张全，其可杀之是四罪。（前汉书平话·卷中）

第二，副词，逐渐，如：

（2）始皇益壮，太后淫不止。（秦并六国平话·卷上）

"益"作为动词在上古已经出现，如《易·谦》："天道亏盈而益谦。"孔颖达疏："减损盈满而增益谦退。"是由本义直接引申而来，由水溢出引申为增加，是具体转化为抽象，一直沿用到现代汉语中。

"益"作为副词在上古也已经出现,如《礼记·坊记》:"故乱益亡。"孔颖达疏:"益,渐也。"是由动词增加转变而来,由行为域转向行为域变化的时间方式,在现代汉语中已经消失。

约

"约"在元代具有名词、动词和副词三种用法,具体如下:

第一,名词,约定,如:

(1) 官凭印信,私凭要约。(老乞大·卷下)

第二,动词,约束或估量,如:

(2)【混江龙】着俺掌帅府将军一令,倒不出的坐都堂约法三章。(东窗事犯第一折)

(3)【幺篇】哥哥你自暗约,这事非小可。(关张双赴西蜀梦第三折)

第三,副词,大约,如:

(4) 捕盗官将着弓兵,往前赶到约二十里地,赶上那贼。(老乞大·卷上)

"约"作为名词在上古已经出现,如《史记·廉颇蔺相如列传》:"负约不偿城。"是由本义缠束引申而来,是由动作行为抽象转化为能够具有缠束作用的事物,是行为域向事物域的转变,一直沿用到现代汉语中。动词"约束"在上古已经出现,如《周礼·司约》:"言语之约束也。"是由本义直接引申而来,是由具体缠束抽象为一般束缚,是由具体到抽象的转化。动词"估量"产生于近代,词义的由来不清楚。"约"作为副词产生于中古,如《三国志·魏志·华佗传》:"疾者前入坐,见佗北壁县此蛇辈,约以十数。"是在动词"估量"的基础上引申而来，由具体行为域向表达主体行为或数量的情感域的转变和投射，这个词一直沿用到现代汉语。

越

"越"在元代具有动词和副词两种用法，具体如下：
第一，动词，跨越，如：

（1）【煞尾】他千里独行觅二友，匹马单刀镇九州，人似爬山越岭彪，马跨翻江混海虬。（关大王单刀会第二折）

第二，副词，更加，如：

（2）提起来越心焦，一半儿丝ㄎ一半儿烧！（【仙吕】一半儿 王和卿）

"越"作为动词在上古已经出现，如《史记·秦始皇本纪》："秦地已并巴、蜀、汉中，越宛有郢，置南郡矣。"是本义。"越"作为副词产生于近代，如辛弃疾《浣溪沙·赠子文侍人名笑笑》词："歌欲颦时还浅笑，醉逢笑处却轻颦，宜颦宜笑越精神。"副词是在动词"跨越"的基础上转变而来，由具体动作行为转变为动作行为达到的结果，是由行为域向结果域的转变，这两种用法全部沿用到现在，在汉语史中发展还是很稳定的。

第七节 真、正、直、只、骤、子、总

真

"真"在元代具有形容词和副词两种用法，具体如下：
第一，形容词，真实或清楚，如：

（1）【油葫芦】即渐了虚变做实假做真，直到说得交大半人评论，那时节旋洗垢不盘根。（诈妮子调风月第一折）

（2）【天下乐】和哥哥外名，燕燕也记得真，唤做磨合罗小舍人。（诈妮子调风月第一折）

第二，副词，确实，如：

（3）【幺篇】你自尊自大无高下，真乃是井底鸣蛙，穷汉肚肠些娘大。（看钱奴买冤家债主第一折）

"真"作为具有"真实"意义的形容词在上古已经出现，如《老子》："窈兮冥兮，其中有精，其精甚真，其中有信。"副词"确实"意义是在此基础上引申出来的，由事物性质状态转化为对事物状态等的情感评价，是状态域向情感域的转变和投射。"清楚"义产生于近代，如齐己《题画鹭鸶兼简孙郎中》诗："曾向沧江看不真，却因图画见精神。"是在"真实"意义基础上引申而来，是事物自身性质状态内部的引申。这三种用法都沿用到现代汉语中，可见在汉语史的发展中还是比较稳定的。

正

"正"在元代具有形容词和副词两种用法，具体如下：
第一，形容词，端正，如：

（1）安员王将袖梢先卷，觑上下，观高低，望远近，料得周正无偏。（【南吕】一枝花王和卿）

第二，副词，现在时间副词和确认强调类语气副词，在多义副词中已经做出分析，在此不再赘述。

"正"作为形容词用法在上古已经出现，如《论语·乡党》："席不正不坐。"是本义。副词用法在上古已经出现。关于这两种用法之间的关系需要进一步考察。这两种用法都沿用到现在，可见在汉语发展史中还是比较稳定的。

只

"只"在元代具有形容词和副词两种用法，具体如下：
第一，形容词，如：

（1）【滚绣球】我和你单夫只妻，我不接，教谁人接！（岳孔目借铁拐李还魂第二折）

第四，副词，仅，如：

（2）【仙吕】【点绛唇】只为君臣争气，将相分颜。（楚昭王疏者下船第一折）

"只"作为形容词在上古已经出现，如《后汉书·方术传上·王乔》："于是候凫至，举罗张之，但得一只舄焉。"是从鸟一只的本义引申而来，由具体事物转化为事物的状态，是由事物域向状态域的转化，这个词一直沿用到现代汉语中。"只"作为副词，产生于中古，如《世说新语·任诞》："襄阳罗友有大韵。"刘孝标注引《晋阳秋》："我只见汝送人作郡，何以不见人送汝作郡？"关于由来，需要考察，一直沿用到现代汉语中。

直

"直"在元代具有形容词和副词两种用法，具体如下：
第一，形容词，笔直、不弯曲，如：

（1）软如杨柳和风舞，硬似长空霹雳摧。真堪惜！沉沉着着，曲曲直直。（【般涉调】哨遍马致远）

第二，副词，时间副词、径直类情状方式副词和语气副词。在多义副词中已经做过分析，在此不再赘述。

"直"作为形容词，在上古已经出现，如《诗·小雅·大东》："周道如砥，其直如矢。"是本义。副词"径直"是在此义的基础上转变而来，由事物状态转变为事物进行的方式，是状态域向方式域的转变，是副词来源的重要方式。这些用法都沿用到现代汉语中，可见在汉语史中发展还是稳定的。

骤

"骤"在元代具有动词和副词的两种用法，具体如下：
第一，动词，急行，如：

（1）【叨叨令】若是你咚咚战鼓声相凑，不剌剌战马望前骤，他恶喑喑揎起征袍袖，不邓邓恼犯难收救。（关大王单刀会第二折）

第二，副词，突然，如：

（2）【金蕉叶】我则见春雨过残花乱矬，芳尘静珠帘骤揭。绣帏悄银半灭，冰弦断瑶琴乍歇。（【越调】斗鹌鹑无名氏）

"骤"作为动词在上古已经出现，如《诗·小雅·四牡》："驾彼四骆，载骤骎骎。"是在马奔驰本义的基础上引申而来，由具体的动作行为转化为一般的动作行为，是由具体到抽象的转变，这个词一般出现在某些特殊文体中。"骤"作为副词在中古已经出现，如《失街亭》："倘魏兵骤至，四面围定，将何策保之？"是在本义的基础上转化而来，由具体动作行为转化为动作行为发出的时间，由动作域转向时间域，这个词一直沿用到现代汉语中。

总

"总"元代具有动词和副词两种用法，具体如下：

第一，动词，总领，如：

（1）【越调】【斗鹌鹑】<u>总</u>四大神州，受千年典祀。（看钱奴冤家债主第四折）

第二，副词，都，如：

（2）【道和】把军收，把军收，江山安稳<u>总</u>属刘。（汉高皇濯足气英布第三折）

"总"作为动词在上古已经出现，如《墨子·非攻下》："一天下之和，总四海之内。"是由本义"聚束"直接引申而来，是由具体动作行为向行为结果转化"总"作为副词在上古已经出现，如杜牧《赠别》诗之一："春风十里扬州路，卷上珠帘总不如。"也是由本义"聚束"直接引申而来，是由具体动作行为向动作行为所包括范围的转变，是由动作域向范围域的转变。这两种用法一直沿用到现在，可见在汉语史中发展还是比较稳定的。

小结

元代的兼类副词主要有 54 个，占副词总数的近 1/8。这些兼类副词产生时间都比较早，除"畅"之外，都在上古已经产生，副词词义大都是在动词或形容词的基础上引申而来，是由于认知领域的转变而形成，主要有以下几种类型：

第一，状态域转向程度域，主要是形容词转向程度副词，如：畅、多少、极、少、深、微；

第二，状态域转向行为方式域，主要是形容词转化为情状方式副词，如：独、直；

第三，状态域转向范围域，主要是形容词转化为范围副词，如：单、全；

第四，状态域转向情感评价域，主要是形容词转化为语气副词，如：真；

第五，行为域转向行为方式域，主要是动词转化为情状方式副词，如：并、窃、益；

第六，行为域转向行为结果域，主要是动词转化为程度副词、否定副词，如：较、越、休

第七，行为域转向范围域，主要是动词转化为范围副词，如：兼、浑、总；

第八，行为域转向时间域，主要是动词转化为时间副词，如：骤；

第九，行为域转向情感评价域，主要是动词转化为语气副词，如：约；

但是除此之外，兼类副词的来源还有一些其他形式，如句法结构对应而来，如"别"的形成。还有不少副词的来源不是很清楚，需要进一步调查。这些兼类副词也基本沿用到现代汉语中，可见这些兼类副词在汉语史中发展史中比较稳定的。

参考文献

C

蔡镜浩：《魏晋南北朝词语例释》，江苏古籍出版社1990年版。

曹广顺：《敦煌变文中的双音节副词》，载《语言学论丛》（第十二辑），商务印书馆1984年版。

陈宝勤：《〈祖堂集〉总括副词研究》，《学术研究》2004年第3期。

陈家春：《〈荀子〉副词研究》，硕士学位论文，西南大学，2006年。

陈群：《近代汉语程度副词研究》，巴蜀书社2006年版。

陈湘清：《隋唐五代汉语研究》，山东教育出版社1992年版。

陈湘清：《宋元明清汉语研究》，山东教育出版社1992年版。

陈晓桦：《语气副词"反正"语义语用分析》，《语文学刊》2007年第9期。

褚福侠：《元曲词缀研究》，博士学位论文，山东大学，2007年。

D

邓帮云：《元代量词研究》，硕士学位论文，四川大学，2005年。

刁晏斌：《〈三朝北盟会编〉语法研究》，河南人民出版社2007年版。

丁勇：《元代汉语句法专题研究》，博士学位论文，华中科技大学，2007年。

董秀芳：《词汇化：汉语双音词的衍生和发展》，四川民族出版社2002年版。

董志翘、蔡镜浩：《中古虚词语法例释》，吉林教育出版社1994

年版。

段业辉:《论副词的语义制约》,《南京师范大学学报》1992 年第 21 期。

段颖灵:《论"看看"语义的古今演变》,《求索》2010 年第 4 期。

F

方一新、曾丹:《反义复合词"好歹"的语法化及主观化》,《浙江大学学报》2007 年第 1 期。

方一新:《东汉魏晋南北朝史书词语笺释》,人民出版社 2012 年版。

冯春田:《近代汉语语法问题研究》,山东教育出版社 1991 年版。

冯春田:《近代汉语语法研究》,山东教育出版社 2000 年版。

冯赫:《元刊杂剧与蒙式汉语文献方位词"上"特殊功能研究》,《古汉语研究》2010 年第 3 期。

冯胜利:《论汉语的自然音步》,《中国语文》1998 年第 3 期。

冯淑仪:《〈敦煌变文集〉和〈祖堂集〉的形容词、副词词缀》,《语文研究》1994 年第 1 期。

符淮青:《现代汉语词汇》,北京大学出版社 1985 年版。

G

高明凯:《汉语语法论》,科学出版社 1957 年修订版。

高育花:《元刊〈全相平话五种〉语法研究》,河南大学出版社 2007 年版。

高育花:《中古汉语副词研究》,黄山书社 2007 年版。

高伟:《敦煌变文中的双音副词》,《敦煌学辑刊》1985 年第 1 期。

葛佳才:《东汉副词系统研究》,岳麓书社 2005 年版。

耿军:《元代汉语音系研究》,博士学位论文,苏州大学,2009 年。

顾学颉、王学奇:《元曲释词》,中国社会科学出版社 1983 年版。

管晓燕：《〈琵琶记〉副词研究》，硕士学位论文，曲阜师范大学，2009年。

郭锐：《汉语词类划分的论证》，《人大复印资料》2002年第4期。

H

何秋兰：《三言中语气副词研究》，硕士学位论文，广西大学，2010年。

侯兰笙：《近代汉语副词"好"的两种特殊用法》，《中国语文》1996年第5期。

胡明扬：《近代汉语的上下限和分期问题》，载《近代汉语研究》，商务印刷馆1992年版。

胡裕树：《现代汉语》，上海教育出版社1979年修订版。

黄伯荣、廖序东：《现代汉语》，高等教育出版社1991年增订版。

黄斐：《近代汉语副词"看即"的语法化》，《湛江师范学院学报》2005年第2期。

黄国营：《语气副词在"陈述-疑问"转换中的限制作用及其句法性质》，《语言研究》1992第1期。

J

江蓝生、曹广顺：《唐五代语言词典》，上海教育出版社1997年版。

江蓝生：《近代汉语探源》，商务印书馆2000年版。

蒋冀骋、吴福祥：《近代汉语纲要》，湖南教育出版社1997年版。

蒋冀骋：《〈回回药方〉阿汉对音与元代汉语北方话的疑母》，《湖南师范大学》（社会科学）2007年第10期。

蒋礼鸿：《敦煌变文字义通释》，上海古籍出版社1997年版。

江蓝生：《〈老乞大〉四种版本语言研究序》，语文出版社2003年版。

蒋绍愚：《近代汉语研究概况》，北京大学出版社1994年版。

蒋绍愚：《近十年间近代汉语研究的回顾与前瞻》，《古汉语研究》1998年第4期。

蒋绍愚：《近代汉语研究概要》，北京大学出版社2005年版。

蒋绍愚：《古汉语词汇纲要》，商务印书馆2005年版。

L

赖慧玲：《〈全宋词〉语气副词"直"研究》，《天府新论》2004年第12期。

赖琴莲：《近代汉语"反倒"义副词研究》，硕士学位论文，温州大学，2010年。

黎锦熙：《新著国语文法》，商务印书馆1924年版。

黎锦熙：《中国语法与词类》，北京师范大学出版部1950年版。

李崇兴、黄树先、邵则遂：《元语言词典》，上海教育出版社1998年版。

李崇兴：《〈元典章·刑部〉的语料价值》，《语言研究》2003年第3期。

李崇兴：《论元代蒙古语对汉语语法的影响》，《语言研究》2005年第3期。

李崇兴、丁勇：《元代汉语的比拟式》，《汉语学报》2008年第1期。

李崇兴、祖生利、丁勇：《元代汉语语法研究》，上海教育出版社2009年版。

李春燕：《〈敦煌变文〉副词系统研究》，硕士学位论文，山东大学，200年。

李海云：《近代汉语时间副词研究》，硕士学位论文，华南师范大学，2007年。

李锦：《〈元刊杂剧三十种新校〉副词研究》，硕士学位论文，苏州大学，2010年。

李立成：《近代汉语中的副词"杀"、"煞"及其变体》，《黄淮学刊》1995年第6期。

李泉：《副词和副词的再分类》，胡明扬《词类问题考察》，北京语言学院出版社 1996 年版。

李亚：《敦煌变文中的时间副词》，硕士学位论文，陕西师范大学，2007 年。

李宗江：《汉语常用词演变研究》，汉语大词典出版社 1999 年版。

栗学英：《中古汉语极度副词考察分析》，《燕山大学学报》2011 年第 1 期。

栗学英：《中古汉语副词研究》，博士学位论文，南京师范大学，2011 年。

梁晓红：《论近代汉语中三音节副词》，《汉语史集刊》2005 年第 6 期。

林端：《元代大都口语的调位系统》，《新疆大学学报》1992 年第 3 期。

刘海琪：《〈京本通俗小说〉副词研究》，硕士学位论文，四川师范大学，2010 年。

刘坚、江蓝生、白维国、曹广顺：《近代汉语虚词研究》，语文出版社 1992 年版。

刘坚、曹广顺、吴福祥：《论诱发汉语词汇语法化的若干因素》，《中国语文》1995 年第 3 期。

刘坚、蒋绍愚：《近代汉语语法资料汇编（元代明代卷）》，商务印书馆 1995 年版。

刘坚等：《二十世纪的中国语言学》，北京大学出版社 1998 年版。

刘钧杰：《元代象声词的两种变化》，《汉语学习》1985 年第 3 期。

陆丙甫：《核心推导语法》，上海教育出版社 1997 年版。

陆俭明、马真：《现代汉语虚词散论》，北京大学出版社 1985 年版。

罗耀华、朱新军：《副词性非主谓句的成句规约——语气副词"确实"的个案考察》，《云南大学学报》2007 年第 3 期。

吕叔湘：《汉语语法分析问题》，商务印书馆 1979 年版。

M

马国锋:《〈三遂平妖传〉副词研究》,硕士学位论文,山东大学,2009年。

马建忠:《马氏文通》,商务印书馆1983年重印本。

马真:《简明实用汉语语法教程》,北京大学出版社1997年版。

马真:《说反而》,《中国语文》1983年第3期。

孟艳红:《〈五灯会元〉程度副词研究》,硕士学位论文,武汉大学,2004年。

N

牛汝极:《元代景教碑铭和文献中的叙利亚文突厥语语音系统分析》,中国民族古文字研究会第七次学术研讨会。

P

潘允中:《汉语史概要》,中州画社1982年版。

Paul. J. Hopper, Elizabeth Closs Traugott:《语法化学说》,梁银峰译,复旦大学出版社2008年版。

Q

齐春红:《现代汉语语气副词研究》,云南人民出版社2008年版。

齐春红、徐杰:《从语气副词的句法分布透视其语用功能》,《云南师范大学学报》2007年第1期。

齐沪扬:《语气副词的语用功能分析》,《语言教学与研究》2003年第1期。

齐沪扬《语气词和语气系统》,安徽教育出版社2009年版。

齐瑞霞:《〈淮南子〉副词研究》,硕士学位论文,山东师范大学,2002年。

R

任晓彤:《元杂剧语气词研究》,博士学位论文,中央民族大学,

2007年。

任雪梅：《〈诗经〉副词研究》，硕士学位论文，吉林大学，2006年。

S

邵敬敏：《从"才"看语义与句法的相互制约关系》，《汉语学习》1997年第3期。

沈家煊：《"语法化"研究综观》，《外语教学与研究》1994年第4期。

沈家煊：《实词虚化的机制——〈演化而来的语法〉评介》，《当代语言学》1998年第3期。

沈家煊：《语言的"主观性"和"主观化"》，《外语教学与研究》2001年第4期。

石毓智、李讷：《汉语语法化的历程》，北京大学出版社2001年版。

石毓智：《认知能力与语言学理论》，学林出版社2000年版。

史金生：《语气副词的范围、类别和共现顺序》，《中国语文》2003年第1期。

史金生：《"毕竟"类副词的功能差异及语法化历程》，载《语法化与语法研究（一）》，商务印书馆2003年版。

史锡尧：《副词"才"与"都"、"就"语义的对立和配合》，《世界汉语教学》1991年第1期。

宋洪民：《元代八思巴字文献所反映的浊音清化》，《古汉语研究》2010年第3期。

孙朝奋：《〈虚化论〉评介》，《国外语言学》1994年第4期。

T

［日］太田辰夫：《汉语史通考》，江蓝生、白维国译，重庆出版社1991年版。

［日］太田辰夫：《中国语历史文法》，北京大学出版社2003年版。

唐吉思:《元代蒙汉翻译及其特点简论》,《西北师范大学学报》2009年第4期。

唐贤清:《〈朱子语类〉重叠式副词的语义、语法分析》,《湖南大学学报》2003年第5期。

唐贤清:《〈朱子语类〉副词研究》,湖南人民出版社2005年版。

W

王力:《中国现代语法》,商务印书馆1985年重印本。

王力:《汉语史稿》,中华书局1980年版。

王群:《〈醒世姻缘传〉副词研究》,硕士学位论文,山东师范大学,2001年。

王天佑:《"死活"考释》,《汉字文化》2010年第6期。

王云路:《中古常用词研究漫谈》,上海教育出版社2000年版。

汪维辉:《东汉-随常用词演变研究》,南京大学出版社2000年版。

吴福祥:《敦煌变文12种语法研究》,河南大学出版社2004年版。

吴福祥:《〈朱子语类辑略〉语法研究》,河南大学出版社2004年版。

吴福祥:《汉语语法化研究》,商务印书馆2005年版。

吴福祥:《〈敦煌变文〉语法研究》,岳麓书社1992年版。

武振玉:《试论〈三言二拍〉中的双音程度副词》,《延边大学学报》2005年第3期。

吴中伟:《论"又不P,～Q"中"又"的意义》,《汉语学习》1999年第4期。

X

肖奚强:《略论"除了……以外"与"都"、"还"的搭配规则》,《南京师范大学学报》1996年第2期。

徐复岭:《关于近代汉语语气副词"通身/通深"的来源和形成》,

《汉字文化》，2013年第5期。

徐巍：《〈清平山堂话本〉副词研究》，硕士学位论文，东北师范大学，2010年。

Y

杨爱姣：《近代汉语三音节副词的后缀"里"的来源》，《武汉大学学报》2011年第3期。

杨伯峻、何乐士：《古汉语语法及其发展》，语文出版社2001年版。

杨德峰：《语气副词出现在短语中初探》，《汉语学习》2005年第4期。

杨惠：《〈白居易集〉诗歌副词研究》，硕士学位论文，南京师范大学，2007年。

杨琳：《汉语词汇复音化新论》，《烟台大学学报》1995年第4期。

杨静坤：《〈齐东野语〉副词研究》，硕士学位论文，河北师范大学，2011年。

杨树达：《词诠》，中华书局2004重印本。

杨树达：《高等国文法》，东方出版社2013年重印本。

杨荣祥：《近代汉语副词研究》，商务印书馆2005年版。

杨荣祥：《近代汉语否定副词及相关语法现象略论》，《语言研究》1999年第3期。

杨荣祥：《近代汉语副词简论》，《北京大学学报》1999年第5期。

杨永龙：《近代汉语反诘副词"不成"的来源和虚化过程》，《语言研究》2000年第1期。

姚晓霞：《〈朱子语类〉语气副词研究》，硕士学位论文，山东师范大学，2008年。

于飞：《两汉常用词研究》，博士学位论文，吉林大学，2008年。

余志鸿：《元代汉语的后置词系统》，《民族语文》1992年第

3 期。

袁宾：《敦煌变文中的疑问副词"还"》，《语文月刊》1988 年第 4 期。

袁宾：《近代汉语概论》，上海教育出版社 1992 年版。

袁宾、徐时仪等：《二十世纪的近代汉语研究》，书海出版社 2001 年版。

Z

曾令香：《元代农业词汇研究》，博士学位论文，山东师范大学，2012 年。

翟燕：《元代 ABB 式三音词激增原因分析》，《齐鲁学刊》2006 年第 2 期。

张翠翠：《〈金瓶梅词话〉副词研究》，硕士学位论文，安徽大学，2009 年。

张家和：《程度副词"越"、"越发"的语法化及相关问题》，《汉语学习》2010 年第 5 期。

张晓传：《〈元刊杂剧三十种〉语气副词研究》，硕士学位论文，山东大学，2007 年，

张晓传：《蒙元语言规划》，《贵州民族研究》2013 年第 2 期。

张秀清：《〈祖堂集〉副词研究》，硕士学位论文，上海师范大学，2005 年。

张亚军：《副词与限定描状功能》，安徽教育出版社 2002 年版。

张谊生：《近代汉语预设否定副词探微》，《古代汉语研究》1999 年第 3 期。

张谊生：《副词的篇章连接功能》，《语言研究》1996 年第 1 期。

张谊生：《现代汉语副词研究》，学林出版社 2000 年版。

张谊生：《论与汉语副词相关的虚化机制》，《中国语文》2001 年第 1 期。

张谊生：《论现代汉语范围副词》，《上海师范大学学报》2001 年第 1 期。

张谊生：《近代汉语强化否定的"白""再""更""通"——兼论主观化在汉语副词再虚化中的作用》，《汉语史学》2004年第4期。

张谊生：《稍微类副词的历时来源和发展演变》，《忻州师范学院学报》2007年第3期。

张振羽：《"尤其"的词汇化及相关问题》，《语言科学》2009年第1期。

张振羽：《"好生"的来源与演变更替》，《贵州师范大学学报》2010年第2期。

张振羽：《〈三言〉副词研究》，博士学位论文，湖南师范大学，2010年。

张永言、汪维辉：《关于汉语史词汇研究的一点思考》，《中国语文》1995年第6期。

赵元任：《汉语口语语法》，吕叔湘译，商务印书馆1979年版。

［日］志村良治：《中国中世语法史研究》，江蓝生、白维国译，中华书局1995年版。

郑宏：《副词"很"的形成考》，《韶关学院学报》2008年11期。

周清艳：《〈五灯会元〉中副词"都"的用法》，《周口师范学院学报》2008年第4期。

朱德熙：《语法讲义》，商务印书馆1982年版。

祖人植、任雪梅：《毕竟的语篇分析》，《中国语文》1997年第1期。

祖生利：《元代白话碑文中方位词的格标记作用》，《语言研究》2001年第4期。

祖生利：《元代直译体文献中的"么道"》，《民族语文》2004年第4期。

参考工具书和语料库

（以作者姓名音序排列）

白玉林、迟铎：《古汉语虚词词典》，中华书局2004年版。
李荣：《现代汉语方言大词典》，江苏教育出版社2002年版。
罗竹风：《汉语大词典》，上海辞书出版社1994年版。
邹华清：《汉语大字典》，四川辞书出版社2010年版。
汉典：在线词典 http：//www.zdic.net/
CCL 语料库 http：//ccl.pku.edu.cn：8080/ccl_corpus/
《瀚堂典藏》古籍数据库 http：//www.hytung.cn/
四部丛刊数据库 http：//www.lib.whu.edu.cn/dc/viewdc.asp?id=61

后 记

本书是在我的博士论文的基础上修改而成的，现在回想起来自己选择元代副词作为研究对象仍然有如临深渊如履薄冰的感觉。元代是我国民族融合的高峰期，语言种类繁多，汉语受少数民族语言影响比较大。元代俗文学地位逐渐上升，语料口语性较强，但目前研究相对较少，直接参考的资料较少。另外副词是汉语中比较特殊的一类，数量多，内部不平衡，个性较强，虽然研究的成果比较多，但是对某个具体时代的副词做共时和历史系统研究的较少，凭我博士四年的时间与功力，感觉相对吃力。最终在导师唐子恒教授的指导下对元代副词进行系统研究。尽管到现在仍然有很多问题没有研究透彻，但丑媳妇最终要见公婆，现在呈上这份不太满意的答卷，算对博士生涯的一个交代。

这里我要感谢我的导师唐子恒先生，2007年开始跟随唐先生读硕士，后来继续跟随先生做博士，先生亦师亦友，无论做人、做事还是做学问都给我树立了很好的榜样。先生一直鼓励我建立自己的"根据地"，在"根据地"上垦荒种田。因此自硕士开始就在元代这块根据地上不断开垦，有喜有忧，还好先生一直给予鼓励，给予指导。这本书能够最终出版，也得益于先生的鼓励与敦促，希望此书不给先生丢脸。

还要感谢那些给予我鼓励帮助的各位老师和朋友，在山东大学读书的日子里，听过很多老师的课，得到过很多老师的帮助，葛本仪先生是我的一位忘年交的"朋友"，葛先生对教书育人、对做学问、对为人处世，对人生有着独有的思考，她的教导将一直陪伴我的成长。另外山东大学的张树铮、杨振兰、王新华、岳丽静、刘祖国等老师都给予我很多的帮助和指导，再此表示不尽的感激和感恩。另外真心感谢东北财经大学的各位领导和同人，他们在我求学和谋生的路上给予很多的引导和帮助，因为他们此书能够顺利出版，能够专注学术。

张晓传

2017年5月10日于大连